［過去問］

2025
東京都市大学付属小学校
入試問題集

JN084762

Shinga-kai

東京都市大学付属小学校

過去10年間の入試問題分析
出題傾向とその対策

2024年傾向

ペーパーテストでは、例年通り話の記憶や数量、推理・思考、常識などが出題されました。日常の生活体験が問われる課題や運筆の要素を含む課題もあり、就学時に身につけておきたい力が、バランスよく身についているかが見られたようです。集団テストでは、短いお話を聞いてからそのお話の続きを考えて描くという想像画の課題と、絵カードを使った行動観察が行われました。

傾　向

考査と並行して保護者面接が実施されます。考査日は2021年度までは2日間、2022年度からは3日間のうち1日を選択となり、ペーパーテスト、集団テスト、運動テストが行われます。ペーパーテストでは話の記憶、数量、推理・思考、言語、常識、模写、観察力など、多岐にわたる問題が出されます。話の記憶は、音声でお話を聞いた後でお話の内容に合うものを答えますが、その中に数量や常識などの問題が組み込まれています。数量では、マジックボックスや数の多少、分割などの問題が出ています。言語の分野ではしりとり、言葉の音や反対語、常識では昔話、季節などが出されています。また、推理・思考の出題が多いのも特徴です。過去の問題を見ても、重さ比べ、四方図、回転図形など、かなり高度な問題もあります。どんな問題でもしっかりと指示を聞き、自分の頭で考えて速やかに取り組む力が求められます。そして例年、模写の出題があります。集団テストでは、グループに分かれて行う制作が比較的よく出題されています。作品は各個人で作ることが多いですが、2020年度までは使う道具をグループ内で共有し、作業を通して生活習慣や社会性も見られていました。また、お手本通りに仕上げるだけでなく、説明された順番に作ることができるかどうかも見られます。過去には完成した作品について、集団の中で1人ずつ「何を作ったのか」「どこを工夫したのか」「どこへ持って行きたいか」などを発表させることもありました。運動テストでは毎年模倣体操が行われますが、運動能力を問うというより、状況が変わっても落ち着いて行うべきことに取り組めるかを見られています。保護者面接は5～10分程度で、志望理由や

子どもの日ごろの様子、休日の過ごし方、家庭の教育方針などについてたずねられています。

対　策

ペーパーテストは話の記憶、数量、推理・思考、言語、常識、模写、観察力など幅広い分野から出題されます。まずは、さまざまな項目の課題に取り組み、準備をすることが大切です。出題の特色は、推理・思考などのさまざまな項目で1問目は基礎レベル、次は応用レベル、最後は難問というように段階別に設定されていることです。まず基本問題をしっかり押さえて、スピード感を持って臨めるようにしましょう。そのためにもじっくりと理解を深めながら、くり返し同類の問題を解くことで、自信をつけさせることが大切です。次のステップの応用問題や難問といわれるものは、論理的思考を苦手とする幼児期にはなかなか理解できないことも多いようです。「どうしてわからないの」「前にやったじゃない」などは禁句として、じっくり取り組むようにしてください。話の記憶への備えとしては、絵本の読み聞かせや日ごろのお手伝いの指示などを通して、まずは集中して話を聞く姿勢を身につけ、場面をイメージしながら聞いたり、内容の要点を頭に入れておいたりすることができるようにしましょう。家庭ではどうしてもペーパー対策に偏りがちになるので、行事や日常生活での体験を通して、常識を学び考える力を育んでいくことも大切です。季節の行事、身の回りの道具、公共の場でのマナーなども、お子さんがきちんと理解しているか確認しておきましょう。また、はかりなど具体物を使っての重さ比べやものの浮き沈み、色水遊びなど、実体験を要する遊びを多く取り入れましょう。そして、回転図形や対称図形なども具体物を使って確認したり、実際に線対称に形をかいたりする経験を積み、考え方を理解していくことが大切です。言語も頻出課題です。しりとりの出題もあるので、ものの正確な名称を覚え、語彙を増やしていきましょう。また、模写は毎年出題されていますので、バランスや形をしっかり見ること、線をきちんとかくことなどの基本を身につけておいてください。同図形発見などの観察力や、構成の出題もありますから、形の大きさや特徴、角度や長さなどを注意深く見る習慣を身につけ、積み木やカードなどでの構成遊びも取り入れるとよいでしょう。集団テストでは、過去に制作活動の後に工夫したところなどについて発表する課題が行われることもありました。まずは、ご家庭でお子さんの話をよく聞いてあげることで自信を持たせて、人に自分の思いを伝える楽しさを経験させるようにしましょう。制作や絵画の途中でテスターから質問があるので、作業中でもハキハキと答えられるよう意識を持って取り組むことが大切です。また、制作時に使う道具はグループ内で共有することもあるので、「貸して」「どうぞ」と自分から声をかけ、次に使う人のために道具の置き場所を考えて戻すなど、社会性のある行動を身につけておきましょう。身の回りの整理整頓や食事の際のテーブル上の食器の配置など、日ごろの生活体験の積み重ねが重要です。そのほか、行動観察として集団でのゲームやタワー作りなどの課題が行われています。楽しく活動しながらも、そのとき示される指示や約束を守れることがポイントです。

年度別入試問題分析表

【東京都市大学付属小学校】

		2024	2023	2022	2021	2020	2019	2018	2017	2016	2015
ペーパーテスト											
	話	○	○	○	○	○	○	○	○	○	○
	数量	○	○	○	○	○	○		○		
	観察力			○							○
	言語		○		○	○		○	○	○	○
	推理・思考	○	○	○	○	○	○	○	○	○	○
	構成力										○
	記憶										
	常識	○	○	○	○		○	○	○	○	○
	位置・置換		○		○		○	○			
	模写	○	○	○	○	○	○	○	○	○	○
	巧緻性		○								
	絵画・表現										
	系列完成										
個別テスト											
	話										
	数量										
	観察力										
	言語										
	推理・思考										
	構成力										
	記憶										
	常識										
	位置・置換										
	巧緻性										
	絵画・表現										
	系列完成										
	制作										
	行動観察										
	生活習慣										
集団テスト											
	話										
	観察力										
	言語	○	○	○	○						
	常識										
	巧緻性										○
	絵画・表現	○	○	○						○	
	制作					○	○	○	○	○	○
	行動観察	○	○	○	○	○	○	○	○	○	○
	課題・自由遊び										
	運動・ゲーム			○	○	○	○	○	○	○	○
	生活習慣										
運動テスト											
	基礎運動					○					
	指示行動										
	模倣体操	○	○	○	○	○	○	○	○	○	○
	リズム運動										
	ボール運動										
	跳躍運動					○					
	バランス運動										
	連続運動										
面接											
	親子面接										
	保護者(両親)面接	○	○	○	○	○	○	○	○	○	○
	本人面接										

※伸芽会教育研究所調査データ

小学校受験Check Sheet

　お子さんの受験を控えて、何かと不安を抱える保護者も多いかと思います。受験対策はしっかりやっていても、すべてをクリアしているとは思えないのが実状ではないでしょうか。そこで、このチェックシートをご用意しました。１つずつチェックをしながら、受験に向かっていってください。

✳ ペーパーテスト編

①お子さんは長い時間座っていることができますか。

②お子さんは長い話を根気よく聞くことができますか。

③お子さんはスムーズにプリントをめくったり、印をつけたりできますか。

④お子さんは机の上を散らかさずに作業ができますか。

✳ 個別テスト編

①お子さんは長時間立っていることができますか。

②お子さんはハキハキと大きい声で話せますか。

③お子さんは初対面の大人と話せますか。

④お子さんは自信を持ってテキパキと作業ができますか。

✳ 絵画、制作編

①お子さんは絵を描くのが好きですか。

②お家にお子さんの絵を飾っていますか。

③お子さんははさみやセロハンテープなどを使いこなせますか。

④お子さんはお家で空き箱や牛乳パックなどで制作をしたことがありますか。

✳ 行動観察編

①お子さんは初めて会ったお友達と話せますか。

②お子さんは集団の中でほかの子とかかわって遊べますか。

③お子さんは何もおもちゃがない状況で遊べますか。

④お子さんは順番を守れますか。

✳ 運動テスト編

①お子さんは運動をするときに意欲的ですか。

②お子さんは長い距離を歩いたことがありますか。

③お子さんはリズム感がありますか。

④お子さんはボール遊びが好きですか。

✳ 面接対策・子ども編

①お子さんは、ある程度の時間、きちんと座っていられますか。

②お子さんは返事が素直にできますか。

③お子さんはお父さま、お母さまと３人で行動することに慣れていますか。

④お子さんは単語でなく、文で話せますか。

✳ 面接対策・保護者（両親）編

①最近、ご家族での楽しい思い出がありますか。

②ご両親の教育方針は一致していますか。

③お父さまは、お子さんのお家での生活や幼稚園・保育園での生活をどれくらいご存じですか。

④最近タイムリーな話題、または昨今の子どもを取り巻く環境についてご両親で話をしていますか。

section
2024 東京都市大学付属小学校入試問題

選抜方法

考査は3日間のうち希望日を1日選択する。いずれの考査日も10〜20人単位でのペーパーテスト、集団テスト、運動テストを行う。考査と並行して保護者面接が実施される。所要時間は約1時間30分。

ペーパーテスト

筆記用具は鉛筆を使用し、訂正方法は //(斜め2本線)または×(バツ印)。
出題方法は話の記憶のみ音声、そのほかは口頭。

1 話の記憶

「今日は動物たちが楽しみにしていたお祭りの日です。神社の鳥居で待ち合わせをしていると、最初に来たのはタヌキ君。『僕が一番だ！』と張り切っていると、次にやって来たのはサルさんです。タヌキ君とサルさんが『この明かりは何だろう？』と近くにぶら下がっている丸いものを見ながら不思議そうに話していると、そこへやって来たゾウ君が『それは暗いところを明るく照らしてくれる便利な道具なんだよ』と教えてくれました。最後にやって来た食いしん坊のブタ君は、『いいにおいがしたから、つい買っちゃった』とたこ焼きを1皿持っていました。みんなで仲よく2個ずつ食べたら、全部なくなってしまいました。今度はタヌキ君がチョコバナナ屋さんを見つけました。『僕の大好物！』と喜んで、さっそく買って食べていると、サルさんが『キンギョすくいをしない？』と言ったので、みんなでキンギョすくい屋さんを探しましたが、なかなか見つかりません。困っていると、向こうからキンギョが4匹入った袋をぶら下げたコアラさんが歩いてきました。サルさんが『キンギョすくいはどこでやっているの？』とたずねると、コアラさんは『わたあめ屋さんのすぐ左隣だよ』と教えてくれました。キンギョすくい屋さんに着くと、赤と黒のキンギョがたくさん泳いでいました。サルさんが『誰が一番多くすくえるか競争しよう』と言って、みんなで競争しました。最初にゾウ君が1匹すくうと、続けてサルさんも1匹、ブタ君が4匹、タヌキ君が3匹すくいました。最後にゾウ君がもう2匹すくって全部で3匹になりましたが、残念ながら一番にはなれませんでした。その後、みんなでかき氷を食べていると、大きな花火の音が聞こえてきました」

・サイコロ1のところです。動物たちが待ち合わせをした神社の鳥居の近くには何がありましたか。その絵に○をつけましょう。
・サイコロ2のところです。チョコバナナを買った動物に○をつけましょう。
・サイコロ3のところです。後からキンギョすくいに行った動物の中で、一番最初にキンギョをすくった動物に○をつけましょう。

・サイコロ4のところです。動物たちがすくったキンギョを全部合わせると、黒いキンギョは3匹でした。では、赤いキンギョは何匹ですか。その数だけ○をかきましょう。

2 話の記憶

「今日は動物村の幼稚園の大運動会です。雲一つないよいお天気で、動物たちはとても張り切っています。準備体操をした後、『最初の種目は綱引きです。出場するみなさんはこちらに集まってください』というコアラ先生の大きな声で動物たちが集まりました。まず、ゾウさんとウシさんの対決です。お互い綱をギュッと握り、にらみ合って思い切り引っ張ると、ウシさんが引きずられてあっという間に負けてしまいました。ウシさんは悔しそうです。次はブタ君とタヌキ君の対決です。お互いに力いっぱい綱を引いて、なかなか勝負がつきませんでしたが、ブタ君がよそ見をしたすきにグイっと綱を引っ張って、タヌキ君が勝ちました。最後は、さっき勝ったゾウさんとタヌキ君の決勝戦です。2匹が綱を持って『ヨーイ、ドン』の合図で綱を同時に引っ張ります。綱は最初の場所から動くことなくよい勝負でしたが、お互いの力が強すぎました。ついに綱が『ブチッ』と切れて、2匹ともしりもちをついてしまいました。勝負は引き分けです。それを見ていた動物たちは『すごい力だなあ』と目を丸くして驚きました。綱引きの後、動物たちに牛乳が1本ずつ配られました。タヌキ君は牛乳が苦手でしたが、ゾウさんがタヌキ君の分を飲んであげました。ブタ君は『おいしい！』ともう1本おかわりをしました。まだまだ運動会は続きます。『次の種目は玉入れです。出場するみなさんはこちらに集まってください』と、コアラ先生の大きな声が響き渡りました」

・サイコロ1のところです。綱引きで勝った動物に○をつけましょう。
・サイコロ2のところです。動物村の幼稚園の先生に○をつけましょう。
・サイコロ3のところです。牛乳が苦手な動物に○を、牛乳をかわりに飲んでくれた動物に×をつけましょう。
・サイコロ4のところです。動物たちが飲んだ牛乳は全部で何本ですか。その数だけ○をかきましょう。

3 話の記憶

「ある日、森の幼稚園のみんなでタヌキ君のおじいさんのお家へ遊びに行くことになりました。森の奥にある大きな門を通ると庭の大きな池にはコイが泳いでいて、その先をもう少し進むとおじいさんのお家があります。タヌキおじいさんはみんなのためにおいしいサツマイモを用意して、集めた落ち葉でたき火の準備をしています。『タヌキおじいさん、こんにちは。わたしたちも手伝います』と、リスさんとネズミさんは落ち葉を集めるのに便利な道具を貸してもらい、落ち葉をたくさん集めることができました。タヌキおじいさんが『おいしい焼きいもができるまで、みんなで遊んでおいで』と言ってくれたので、み

んなは卓球をして遊びました。おイモが焼けるまであと少しというときに、ブタ君が『おなかがすいちゃった』と急にしょんぼりしてしまいました。するとタヌキおじいさんがクッキーをくれたので、ブタ君は『ありがとう。タヌキおじいさん』とお礼を言って、すっかり元気になりました。だんだんいいにおいがしてきて、焼きいもできあがりです。タヌキおじいさんはみんなを呼んで1本ずつ渡してくれました。ホカホカで甘いおイモがあんまりおいしかったので、ウサギさん、タヌキ君、キツネ君は『おかわりください！』と、もう1本ずつもらいました」

・サイコロ1のところです。落ち葉を集めるお手伝いをした動物に〇をつけましょう。

・サイコロ2のところです。落ち葉を集めるときに使ったと思う道具に〇をつけましょう。

・サイコロ3のところです。みんなはどの動物のおじいさんのお家に遊びに行きましたか。〇をつけましょう。

・サイコロ4のところです。お話の季節と仲よしのものに〇をつけましょう。

4 推理・思考（回転図形）

・ウサギの四角が矢印の向きへコトンコトンと倒れながら階段を下りていきます。丸とバツの印のところではどのような向きになりますか。右側から選んで、それぞれの印をつけましょう。

5 推理・思考

・マス目の中に表が黒、裏が白の丸いチップが置いてあります。空いているマス目のどこかに黒いチップを置くと、黒と黒に挟まれた白いチップを裏返して黒にすることができます。縦、横、斜めのどの並び方でも挟むことができます。では、黒いチップを1つだけ置いて、一番たくさん白いチップを黒にするためにはどこへ置いたらよいでしょうか。そのマス目に黒丸をかきましょう。

6 常識（季節）

・季節の順番に仲よしのものを並べます。印の四角に入るものをすぐ下から選んで、それぞれの印をつけましょう。

7 数 量

・左端の四角のものと同じ数にするには、右側の四角のどれとどれを合わせたらよいですか。それぞれ〇をつけましょう。

8 点図形

・左の小さなお手本と同じになるように、右の大きな四角にかきましょう。

9 話の理解

・動物たちがお話をしています。正しいことを言っている動物に○をつけましょう。

　　（左上）
　　ウサギ「『高いビル』の反対は『小さいビル』だよ」
　　ブタ　　「『高いビル』の反対は『細いビル』だよ」
　　タヌキ「『高いビル』の反対は『低いビル』だよ」

　　（右上）
　　ウサギ「いすに腰をつけるよ」
　　ブタ　　「いすに腰をかけるよ」
　　タヌキ「いすに腰を立てかけるよ」

　　（真ん中）
　　ウサギ「お友達からプレゼントをもらったら『ごめんなさい』と言うよ」
　　ブタ　　「お友達からプレゼントをもらったら『ありがとう』と言うよ」
　　タヌキ「お友達からプレゼントをもらったら『どうぞ』と言うよ」

　　（左下）
　　ウサギ「風がザーザー吹いて気持ちいいね」
　　ブタ　　「風がボーボー吹いて気持ちいいね」
　　タヌキ「風がソヨソヨ吹いて気持ちいいね」

　　（右下）
　　ウサギ「ジュースが『濃い』の反対は『薄い』だよ」
　　ブタ　　「ジュースが『濃い』の反対は『甘い』だよ」
　　タヌキ「ジュースが『濃い』の反対は『冷たい』だよ」

集団テスト

青、黄色、白、赤、ピンク、水色のカラー帽子をかぶり、色別のグループに分かれて行う。

絵画（想像画）

5、6人ずつのグループに分かれ、短いお話を聞く。折り紙くらいのサイズの白画用紙とクーピーペン（12色）が用意され、お話の続きを考えて自由に絵を描く。日程によりお話の内容が異なる。

A

「公園でネコさんがブランコに乗っていると、ネズミさんとサル君が来て『一緒に遊ぼう』と誘ってくれました。3匹はお砂場で遊ぶことになり、ネコさんは麦わら帽子をかぶりました。ネズミさんはお気に入りのリボンを結んで、サル君は眼鏡をかけて砂場へ行くと、トンネルを作って遊びました」

・この後、動物たちは何をして遊んだと思いますか。その様子の絵を描きましょう。

B

「タヌキさんはキツネさんのお家に遊びに行くところです。マフラーを首に巻いて、キツネさんと一緒に食べるためのクッキーとおせんべいとチョコレートを持って交番の前のバス停からバスに乗りました。すると次のバス停から黄色い帽子をかぶったお友達のヒツジ君が乗ってきました。タヌキさんはヒツジ君を誘って、次の駅で一緒に降りてキツネさんのお家へ行きました」

・この後、タヌキさんとヒツジ君は、キツネさんと何をして遊んだと思いますか。その様子の絵を描きましょう。

C

「今日は運動会です。空は曇っていて少しずつ雨雲が近づいていますが、何とか運動会ができそうなので、ウサギさんは喜んでいます。幼稚園に着いたクマ君は、緊張して今にも泣きそうです。向こうから歩いてきたパンダさんは、赤組なのにうっかり白い鉢巻きをしてきてしまいました。みんなで外に出ると、最初の種目は玉入れです」

・玉入れが終わった後はどうなったと思いますか。その様子の絵を描きましょう。

10 **行動観察**

絵画の課題で聞いたお話の場面が描かれた絵カード（お話と違う絵が2枚含まれている）と、絵カードと描いた絵を並べるための枠が床に用意されている。グループで相談しながらお話に合うカードを選んで、お話の順番になるように枠に並べる。使わないカードは箱の中に入れる。次に、自分たちが描いたお話の続きの絵をグループで見せ合い、順番を相談して枠に並べる。できたらお話の続きをグループごとに発表する。ほかのグループが発表しているときは、マットの上で体操座りをして静かに待つ。

🎤 **言　語**

絵画の途中でテスターより質問される。

・お名前を教えてください。

・どんな絵を描いていますか。

運動テスト ▌ カラー帽子の色別のグループで行う。

📑 模倣体操

テスターのお手本を見ながら行う。

・ひざの屈伸をする。

・手首や足首を回したり、アキレス腱を伸ばしてストレッチをする。

・その場でいろいろなリズムの両足跳びや、手足を使ったグーパージャンプをする。

・両手でグーパーをくり返す。

・先生に負けるように、後出ししてジャンケンをする。

・先生とジャンケンをして勝ったら座り、あいこや負けのときはそのまま続ける。全員が座るまで行う。

保護者面接

父　親

・「日本一楽しく中学受験ができる小学校」という理由以外で、本校を志望した理由をお聞かせください。

・本校を受験する決め手を1つだけ教えてください。

・（母親の回答を受けて）お父さまもお子さんの幼稚園（保育園）での様子を聞きますか。

・（母親の回答を受けて）たとえばルールを守るということについて、公共交通機関を使う際などの生活シーンで、お子さんにメリハリがついてきたと思っていることや、成長を感じることはありますか。具体例を挙げてお話しください。

・家族構成を教えてください。

・休日はお子さんとどのように過ごされていますか。

・お子さんの苦手なことはありますか。

・お子さんの長所を教えてください。

・お子さんには将来、どのような人物になってほしいとお考えですか。

・公共交通機関のルールはどのように教えていますか。

母　親

・（父親の回答を受けて）本校を志望した理由でつけ加えることはありますか。

・母親の視点で考えた志望動機をお聞かせください。

・本校のよいとお感じになられるところはどこですか。

・幼稚園（保育園）ではどのように過ごされていますか。

・幼稚園（保育園）ではお子さんの短所を補ったり、生活のルールやリズムのメリハリをつけていくような活動や指導は何かされていますか。それは具体的にどのような活動で

すか。

・寝る時間と起きる時間は決まっていますか。

・お子さんの長所を教えてください。具体的なエピソードはありますか。

・お子さんの得意なことを教えてください。

・一言で表すと、どのようなお子さんですか。

・お子さんの、ここは直してほしいと思うところはどのようなところですか。

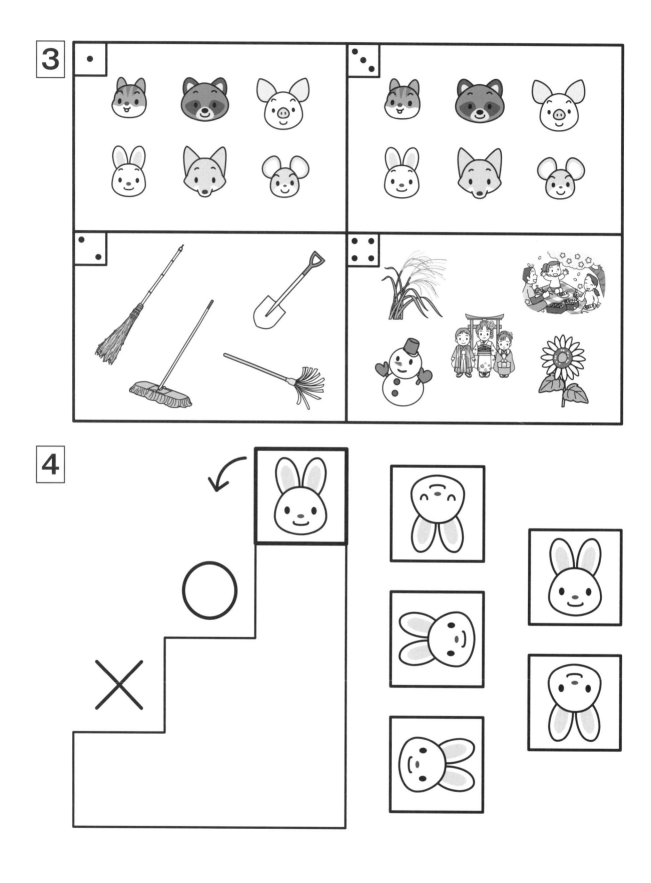

5

6

7

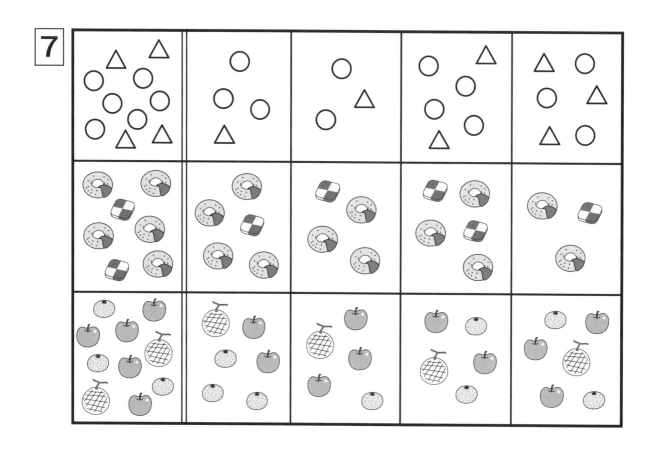

8

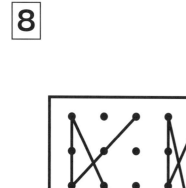

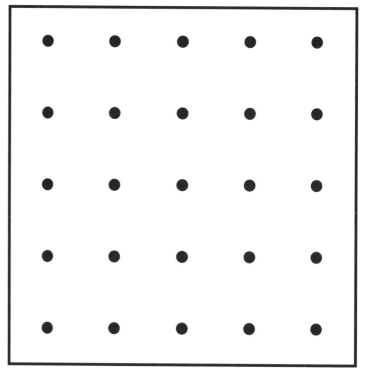

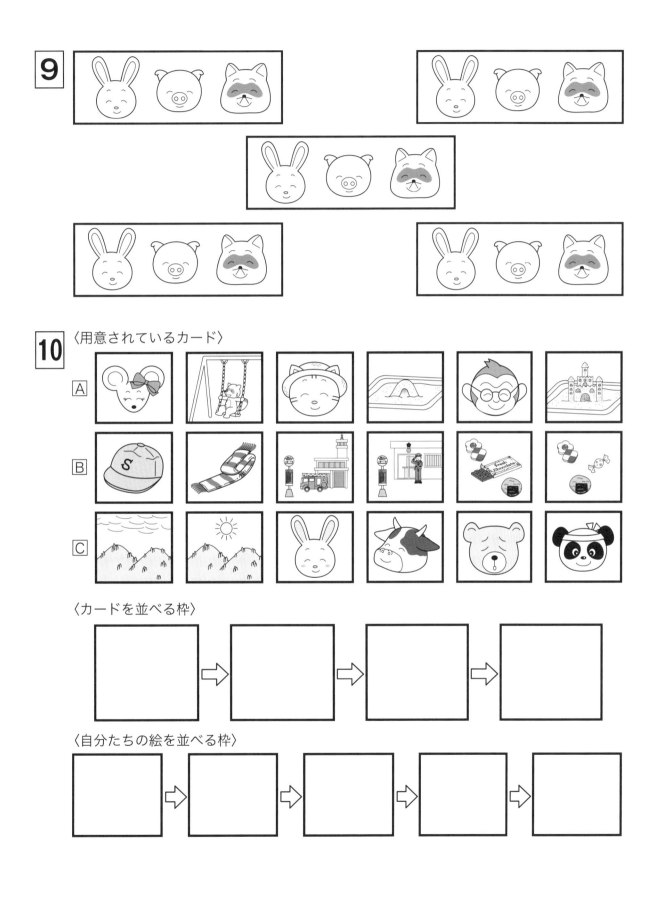

2023 東京都市大学付属小学校入試問題

選抜方法

考査は3日間のうち希望日を1日選択する。いずれの考査日も10～20人単位でのペーパーテスト、集団テスト、運動テストを行う。考査と並行して保護者面接が実施される。所要時間は約1時間30分。

ペーパーテスト

筆記用具は鉛筆を使用し、訂正方法は //（斜め2本線）または ×（バツ印）。
出題方法は話の記憶のみ音声、そのほかは口頭。

1 話の記憶

「今日はみんなで楽しみにしていた魚釣りに行く日です。タヌキ君はお母さんの手作りクッキーを持って、ウサギさんのお家へ向かいました。ウサギさんのお家にはもうネズミさんも来ていたので、3匹で釣りざおを持ってさっそく出発し、タンポポの咲く野原を通って川に着きました。魚釣りをしていると突然強い風が吹いて、タヌキ君の帽子が川へ飛ばされてしまいました。タヌキ君がどうやって帽子を取ろうか考えていると、ウサギさんが『釣りざおで取ってみたら？』と、よい考えを思いつきました。そこで一番長いネズミさんの釣りざおを使って帽子を引き寄せ、無事に取ることができました。そこへ、キツネ君が『僕も一緒に魚釣りをやりたいな』とやって来ました。タヌキ君はちょうど釣りざおを2本持っていたので、キツネ君に1本渡してあげました。キツネ君はタヌキ君にお礼を言って、『ここは魚がいないから、もっと岩場の近くで釣ろうよ』と言いました。岩場の近くに移動してみると、たくさんの魚が釣れました。魚釣りの後は、タヌキ君が持ってきた8枚のクッキーをみんなで仲よく同じ数ずつ分けて食べました」

・サイコロ1のところです。このお話と同じ季節の絵に○をつけましょう。
・サイコロ2のところです。どの動物のお家に集まって川へ向かいましたか。その動物に○をつけましょう。
・サイコロ3のところです。どの動物の釣りざおでタヌキ君の帽子をとりましたか。その動物に○をつけましょう。
・サイコロ4のところです。みんなでクッキーを何枚ずつ食べましたか。その数だけ○をかきましょう。

2 話の記憶

「動物村のみんながあっちへ行ったりこっちへ行ったり、今日は何だか慌ただしくしています。それはなぜかって？ そうそう、明日は七夕なので動物たちは村の広場に大きなサ

サを飾る準備で大忙しなのです。まずは大きなササを林から運んでこなければなりません。ブタ君は、村一番の力持ちのクマ君と一緒にササを採りに行きました。ササを運んでいる途中、のどが渇いたクマ君が『あ～あ、牛乳が飲みたいな』と言うと、ブタ君が『僕は牛乳が苦手なんだよね』と言ったのでクマ君は驚きました。ササを広場に運び終えると、タヌキさんとウサギさんが短冊にお願い事を書いていました。のどが渇いていたクマ君はお水を3杯、ブタ君は2杯飲んでから、短冊に書くお願い事を考え始めました。タヌキさんは『魚がたくさん釣れますようにと書いたんだ。それと足が速くなることと背が高くなることもお願いしたいから、3枚も書いちゃった』と嬉しそうに短冊を飾りました。ウサギさんは『苦手な牛乳が飲めるようになりますようにと書いたんだけど、タヌキさんと一緒で、足が速くなることもお願いしたいから、もう1枚書いちゃおうっと』と、もう1枚書いています。ブタ君が『僕もクマ君みたいに力持ちになりたいから、体を強くするために牛乳を飲めるようになりますように、と書いて飾ったよ』と言うと、クマ君は『お願いするだけではなくて、飲めるように頑張らないといけないよね』と言いました。でも、クマ君だけは、まだ短冊に書くお願い事をどれにしようか決められずに考えていました」

- サイコロ1のところです。ブタ君と一緒に林にササを採りに行った動物に○をつけましょう。
- サイコロ2のところです。動物たちが飾った短冊の数だけ○をかきましょう。
- サイコロ3のところです。クマ君とブタ君は、合わせて何杯のお水を飲みましたか。その数だけ○をかきましょう。
- サイコロ4のところです。魚をたくさん釣りたいと短冊にお願い事を書いたのはどの動物でしたか。ウサギさんだと思う人は○、クマ君だと思う人は△、タヌキさんだと思う人は×を大きな四角の中にかきましょう。

3 常識・言語

- サイコロ1のところです。「一寸法師」のお話に出てくるものに○をつけましょう。
- サイコロ2のところです。今の暮らしで井戸と同じお仕事をしているものはどれですか。選んで○をつけましょう。
- サイコロ3のところです。生のままではあまり食べないと思う野菜に○をつけましょう。
- サイコロ4のところです。正しいことを言っている動物に○をつけましょう。クマは「『冷たい』の反対は『温かい』だよ」と言いました。ウサギは「『冷たい』の反対は『やわらかい』だよ」と言いました。リスは「『冷たい』の反対は『寒い』だよ」と言いました。

4 常識

- サイコロ1のところです。「カチカチ山」のお話に出てくるものに○をつけましょう。
- サイコロ2のところです。今の暮らしで提灯と同じお仕事をしている道具はどれですか。

選んで○をつけましょう。

・サイコロ 3 のところです。上に野菜の切り口の絵があります。どの野菜か下から選んで、点と点を線で結びましょう。

・サイコロ 4 のところです。正しいことを言っている動物に○をつけましょう。クマは「寒い冬の次の季節は夏だよ」と言いました。ウサギは「春の前の季節は冬だよ」と言いました。リスは「冬の次の季節は秋だよ」と言いました。

5 常識（季節）

・上の四角の中のものと同じ季節のものを、大きな四角の中から探して○をつけましょう。

6 言 語

・上の四角の中のものと名前の音の数が同じものを、大きな四角の中から探して○をつけましょう。

7 数 量

・一番上の段です。白と黒のマス目の数が同じものに○をつけましょう。

・真ん中の段です。白いマス目より黒いマス目が多いものに○をつけましょう。

・一番下の段です。黒いマス目より白いマス目が多いものに○をつけましょう。

8 巧緻性

・点から点まで、壁にぶつからないように道の真ん中を通る線を引きましょう。

9 位置・置換

・上の四角の中がお約束です。では、そのすぐ下のマス目を見てください。マス目の中の絵を、その下のマス目の同じ場所に、お約束の印に置き換えてかきましょう。

10 推理・思考（回転図形）

・左上の絵が回って星印が右下の星印のところへ移ると、中の線はどのようになりますか。右下にかきましょう。

11 模 写

・左のお手本と同じになるように、右にかきましょう。

集団テスト

青、黄色、白、赤、ピンク、水色のカラー帽子をかぶり、色別のグループに分かれて行う。

12 行動観察

5、6人ずつのチームに分かれ、3チーム対抗で行う。与えられたテーマに沿って、グループで相談しながら床の上にバラバラに置かれている絵カードを、矢印の先に置いていく。使わないカードは箱の中に入れる。置き終わったら全員で手を挙げ、テスターが「OK」と言ったら、線の上に体操座りをして静かに待つ。待機するチームはマットの上に座り、声を出さずに拍手、もしくは手を振って応援する。日程により以下のいずれかを行う。

季節の順番ゲーム…最初の鏡もちの絵から、季節の順番になるように絵カードを置いていく。

しりとりゲーム…ロケットから始めて、しりとりでつながるように絵カードを置いていく。

1日にすることゲーム…朝起きてから1日にすることが順番になるように、絵カードを置いていく。

絵　画

白画用紙とクーピーペン（12色）が用意される。日程により以下のいずれかを行う。
・今の季節（秋）と関係のあるものを描く。
・「としだい」の「い」から始まるものを描く。
・今日のお昼ごはんに食べたいものを描く。

言　語

絵画の途中でテスターより質問される。
・どんな絵を描いていますか。
・好きな果物は何ですか。

運動テスト

カラー帽子の色別のグループで行う。

模倣体操

テスターのお手本を見ながら、「100％勇気」の音楽に合わせてひざの屈伸などを行う。

保護者面接

父　親

・本校をどのようにお知りになりましたか。志望動機も含めて簡潔にお答えください。

- 本校を受験する決め手を1つだけ教えてください。
- 本校には何回おいでになりましたか。
- 本校の学校説明会には参加していますか。
- 公開行事に参加して、どのような印象を受けましたか。
- 本校のよいと思ったところを1つだけ教えてください。
- 通学経路を教えてください。
- どのようなお子さんですか。
- お子さんの短所を教えてください。
- ご家庭ではお子さんとどのように過ごしていますか。
- 普段、お子さんとのコミュニケーションはどのようにとっていますか。
- ここ最近で印象に残っている休日の過ごし方を教えてください。
- ご家庭の教育方針を教えてください。
- コロナ禍の中で、お子さんが成長したと感じる点を教えてください。
- 小学校受験を通して、成長したと思うことは何ですか。
- 受験が終わったら、ご家庭でしたいことは何ですか。
- お子さんが学校で問題を起こしたとき、どのように対応しますか。
- お子さんは幼稚園（保育園）でのお友達関係は良好ですか。
- お子さんが何かを途中でやめてしまったり、あきらめたりするときはどのような声をかけますか。
- 本校は中学受験を前提としていますが、大丈夫ですか。

母　親

- （父親の回答を受けて）本校の受験を考えた決め手となるものは、そのほかにありますか。
- （父親の回答を受けて）志望動機でつけ加えることはありますか。
- 本校においでになった際に印象に残っている点はありますか。
- 学校説明会に参加した際の感想をお聞かせください。
- お子さんの幼稚園（保育園）での様子を聞かせてください。
- 幼稚園（保育園）の生活で印象に残ったエピソードを教えてください。
- ここ最近で印象に残っている幼稚園（保育園）での行事は何ですか。
- どのようなお子さんですか。
- 休日はお子さんとどのように過ごしていますか。
- お子さんの長所を、具体的なエピソードを交えてお聞かせください。
- ご家庭の教育方針を教えてください。
- ご家庭で気をつけていることはありますか。
- ご家庭で大切にしていることは何ですか。

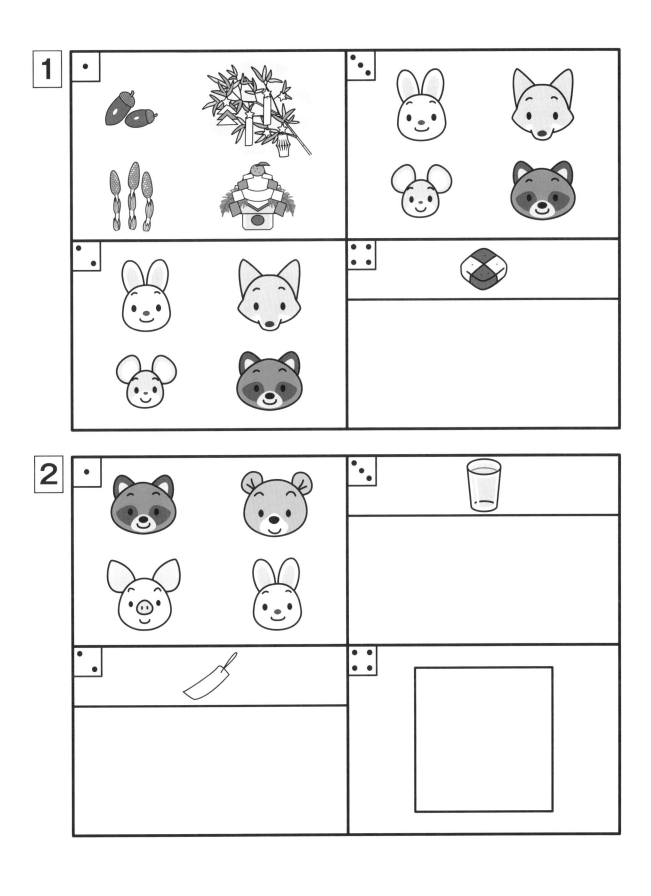

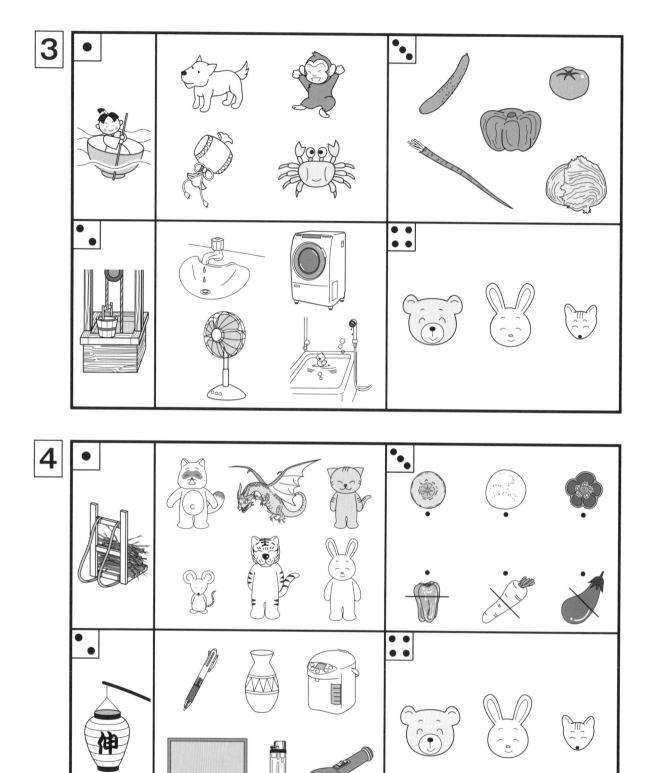

5

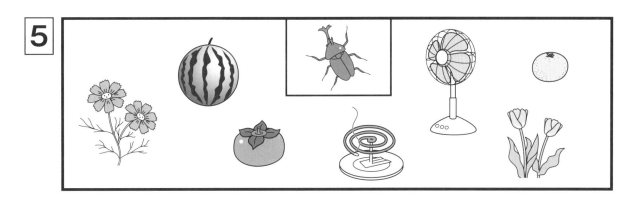

6

7

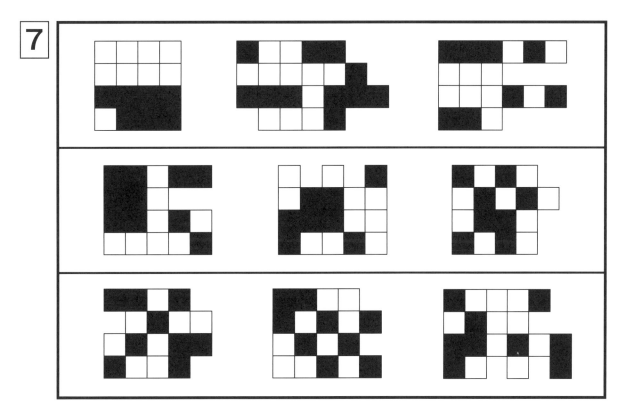

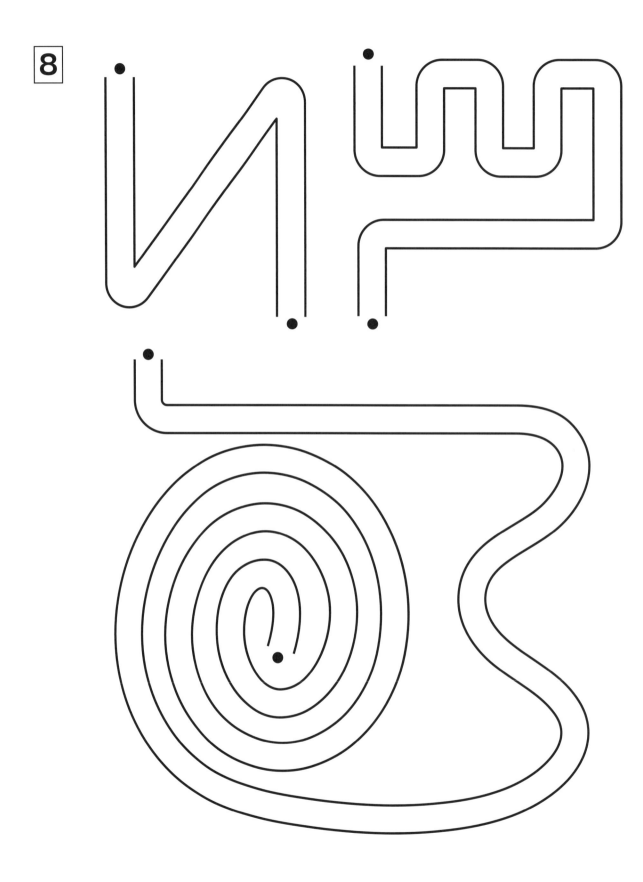

9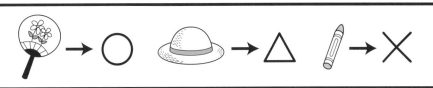

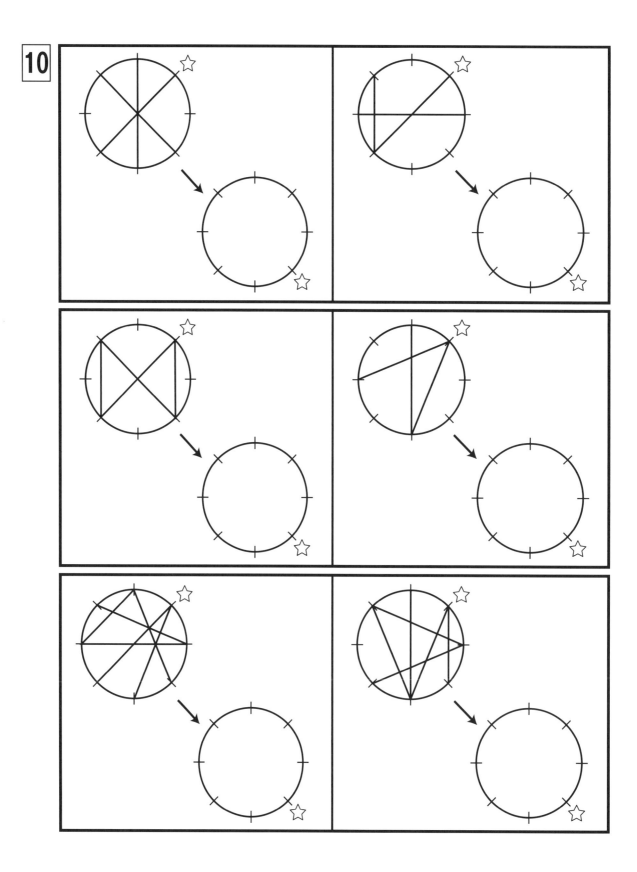

11

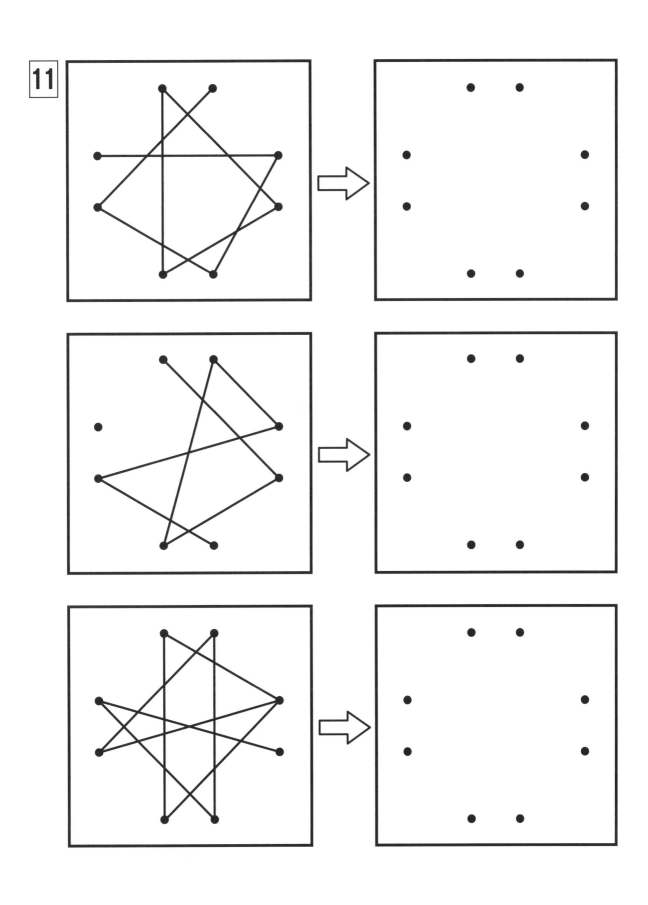

12

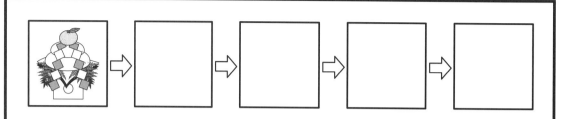

〈用意されているカード〉

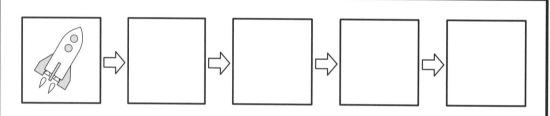

〈用意されているカード〉

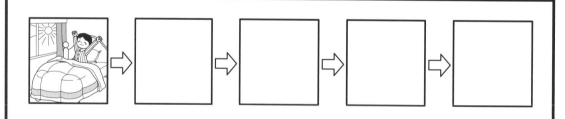

〈用意されているカード〉

section
2022 東京都市大学付属小学校入試問題

■ 選抜方法

考査は3日間のうち希望日を1日選択する。いずれの考査日も10〜20人単位でのペーパーテスト、集団テスト、運動テストを行う。考査と並行して保護者面接が実施される。所要時間は約1時間30分。

▌ ペーパーテスト ▌ 筆記用具は鉛筆を使用し、訂正方法は //（斜め2本線）または ×（バツ印）。出題方法は話の記憶のみ音声、そのほかは口頭。

1 話の記憶

「ここは動物村の幼稚園です。今日は節分で豆まきをするのですが、なかなかオニ役が決まりません。イヌ君もブタ君もネズミさんもネコさんもみんな、オニ役をやりたくないと言ったので、コアラ先生が『オニの役をやってあげましょうか』と引き受けてくれました。まず、みんなでオニのお面を作りました。ネコさんは1本角、イヌ君は2本角、ブタ君は3本角、ネズミさんは角なしのお面を作り、コアラ先生は2本角のオニのお面をかぶりました。みんなが元気よく次々と豆を投げるので、オニは『ひえー』と言いながら、隣の教室へ逃げていきました。豆まきが終わるとコアラ先生が『豆をまいた後は、自分の年の数だけ豆を食べましょう』と言ったので、みんなは5個ずつ食べました。でもブタ君だけ、おなかがすいていて足りないと言って、4個も多く食べてしまいました」

- サイコロ1のところです。このお話の季節のものに○をつけましょう。
- サイコロ2のところです。オニの役をした動物に○をつけましょう。
- サイコロ3のところです。ブタ君が食べた豆の数だけ○をかきましょう。
- サイコロ4のところです。オニがかぶったお面を作ったのは、どの動物ですか。その動物に○をつけましょう。

2 話の記憶

「今日はリスさんのお家でクリスマスパーティーです。初めにやって来たのはブタ君、次にクマ君、そしてイヌ君がやって来ました。リスさんが『ゾウさん、遅いね』とまだ来ないゾウさんを心配すると、ブタ君が『先にパーティーを始めよう！』と言いました。リスさんとブタ君が長いひもをクリスマスツリーにかけ、イヌ君が星の飾りをつけると、クマ君がボールの飾りをつるして電気をつけました。みんなで飾ったクリスマスツリーはピカピカ光ってとてもきれいです。一生懸命頑張ったので、リスさんのお母さんがみんなにクッキーを焼いてくれました。クマ君とイヌ君は4枚、リスさんは5枚、ブタ君はリスさん

よりも３枚多く食べました。クマ君がリスさんに『クリスマスプレゼントは何が欲しい？』
と聞くと、『わたしはサンタさんに、サから始まってルで終わるものをお願いしたの』と
言いました。そのお願い通りのプレゼントを、サンタさんからもらえるといいですね」

・サイコロ１のところです。リスさんが食べたクッキーの数だけ○をかきましょう。
・サイコロ２のところです。長いひもをツリーに飾った動物に○をつけましょう。
・サイコロ３のところです。このお話の季節のものに○をつけましょう。
・サイコロ４のところです。リスさんが欲しいものに○をつけましょう。

③ 推理・思考（重ね図形）

・サイコロの目のような模様が、透き通った紙にかかれています。左側の２枚をこのまま
の向きで重ねると、どのようになりますか。右端の模様で、黒くなる丸を丁寧に塗りま
しょう。一番下は、左側の３枚を重ねましょう。

④ 観察力

・丸、三角、四角の形が重なっているところだけを塗りましょう。

⑤ 推理・思考（水の量）

・上の段です。３つの同じ大きさの入れ物に、絵のように水が入っています。それぞれす
ぐ上の角砂糖を入れたとき、３つとも同じ甘さになると思ったら○、違う甘さになると
思ったら×を、右端の四角の中にかきましょう。
・下の段です。３つの違う大きさの入れ物に、同じ高さまで水が入っています。そこに同
じぶんだけ赤い絵の具を混ぜたとき、赤い色が一番濃くなるものに○をつけましょう。

⑥ 推理・思考（回転図形）

・左端の形を矢印の方向に１回コトンと倒すと、どのようになりますか。右から選んで○
をつけましょう。

⑦ 数量（マジックボックス）

・上のお手本を見ましょう。丸のトンネルを通ると玉が３つ増え、二重丸のトンネルを通
ると１つ増えます。三角のトンネルを通ると６つ増え、バツのトンネルを通ると７つ減
ります。では、下を見てください。空いている四角には玉はいくつありますか。その数
だけ○をかきましょう。途中のクエスチョンマークのところは玉が１つもなくなります
ので、気をつけましょう。

⑧ 数 量

・上の小さな四角の中のお手本と同じ数の積み木を、周りの大きな四角の中から選んで○
をつけましょう。

9 常　識

・サイコロ1のところです。怒っている顔に○をつけましょう。
・サイコロ2のところです。泣いている顔に○をつけましょう。
・サイコロ3のところです。困っている顔に○をつけましょう。
・サイコロ4のところです。喜んでいる顔に○をつけましょう。

10 点図形

・左の絵がお手本です。鳥の頭は、上から下に3つ目、左から右に2つ目の点から始まっ
ていますね。では、左のお手本と同じになるように右にかきましょう。

集団テスト

青、黄色、白、赤のカラー帽子をかぶり、色別のグループに分かれて行う。

行動観察（ドンジャンケン）

2チーム対抗で行う。並んだフープを挟み、中央の線に向かって両チームが左右から1列
に並び、それぞれフープの中をケンパー・ケンケン・ケンパーケン・ケンパーと進む。相
手チームの人と出会ったところでジャンケンをし、勝ったらそのまま相手の陣地を進み続
ける。負けたら戻って自分のチームの列の後ろにつき、次の人がスタートする。相手と出
会ったところでジャンケンを続け、先に相手陣地の最初のフープまで進んだチームの勝ち。
応援は、声を出さずに拍手か手を振って行う。

行動観察（ミックスジュースゲーム）

左肩に果物（イチゴ、ブドウ、バナナ、メロンのいずれか）のシールを貼り、自分の帽子
の色と同じ色のフープの中に入る。テスターが果物の名前を言うので、自分のシールと同
じ果物ならそのまま動かず、違う果物なら帽子と同じ色の別のフープへ走って移動する。
テスターが「ミックスジュース」と言ったら、全員が帽子と同じ色の別のフープへ走って
移動する。

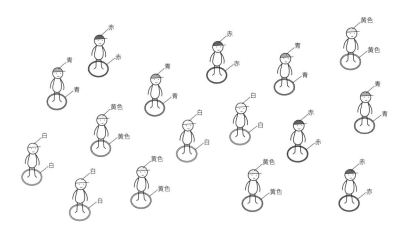

🔖 行動観察（色カードめくり）

　2チーム対抗で行う。折り紙サイズで両面カラーの色カードが床にバラバラに置いてある。両チームとも、自分のチームの色が表になるように色カードを次々とめくっていき、最後に表になっている色が多いチームが勝ちとなる。応援は、声を出さずに拍手か手を振って行う。

　3回行い、1回目は笛が鳴ったら終了、2回目は音楽が鳴ったらめくるのをやめ、音楽が止まったらまためくる、3回目は音楽が鳴っているときにめくり、音楽が止まったらやめるなど、それぞれ指示が異なる。

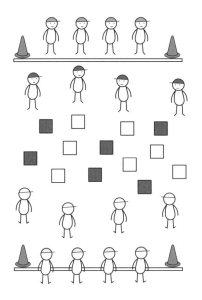

🔖 絵　画

　クーピーペン（12色）を使用する。グループにより課題が異なり、以下のいずれかを行う。
・白画用紙に、丸、三角、四角のいずれかの形がかいてある。その形を使って、自由に絵を描き足す。

・白画用紙に、肩に貼ったシールの果物と同じ季節のものの絵をたくさん描く。

・白画用紙に、自分がかぶった帽子の色と同じ色のものの絵をたくさん描く。

言　語

絵画の途中でテスターより質問される。

・どんな絵を描いていますか。

・雨の日はお家で何をしていますか。

運動テスト

カラー帽子の色別のグループで行う。

模倣体操

ステージ上のテスターのお手本を見ながら行う。

・ひざの屈伸をする。

・伸脚する。

・上体を前に倒したり、後ろにそらせたりする。

・両手でグーパーを何度かくり返す。

・両手の親指から順に折り、小指から順に開いていく。

・その場で両足ジャンプを4回、グーパージャンプを2回行う。

保護者面接

父　親

・志望理由を具体的に、1分程度でお話しください。

・本校を受験しようと思った決め手を1つだけ教えてください。

・お子さんの長所を1点だけ教えてください。（回答を受けて）親はどの程度補助しますか。

・休日のお子さんとの過ごし方と、お子さんの好きなことを教えてください。

・なぜ、学力重視の本校を選びましたか。

・お子さんのどういったところが本校に合うと思いましたか。

・ごきょうだいが通われていますが、本校のどのあたりをよいと思われて志願なさいましたか。

・普段お子さんは帰宅した後、何をされていますか。

・子育てで一番大切にしていることは何ですか。

・お子さんはどのような性格ですか。奥さまの回答に補足することはありますか。

・（母親の回答を受けて）しかられるとお子さんはどのように受け止めていますか。

・（母親の回答を受けて）なぜ、お子さんに中学受験をさせたいと思われるのですか。

母 親

・（父親の回答を受けて）本校の受験を考えた決め手となるものは、そのほかにありますか。

・（父親の回答を受けて）志望動機でつけ加えることはありますか。

・お子さんの幼稚園（保育園）での様子を、よいところを含めてお聞かせください。

・お子さんの長所と短所を１つずつお聞かせください。

・お子さんの性格を教えてください。

・幼稚園（保育園）の行事で、思い出に残っていることは何ですか。

・お子さんの好きなことは何ですか。（回答を受けて）なぜ、それが好きになったのですか。

・休日は何をして遊んでいますか。

・平日はどのように過ごされていますか。

・小学校に入ったら、できると期待していることは何ですか。

・生活するうえでのルール、マナーはどのように教えていますか。

・お子さんに直してほしいと思うのは、どのようなところですか。

・健康上、気をつけていることは何ですか。

・お子さんの生活の中で気をつけていることは何ですか。

・ごきょうだいで違うところはありますか。

・子育てで大切にしていることは何ですか。そのエピソードもお聞かせください。

・ご家庭で一番重視されているのは、どのようなことですか。

・お子さんをどのようなときにしかりますか。

・幼児教室に通われていますか。お子さんはお勉強は好きですか。

・考査で何か不安なことはありますか。

・中学受験はとても大変ですが、なぜお子さんに受験させたいと思いますか。

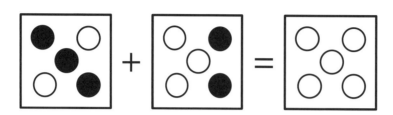

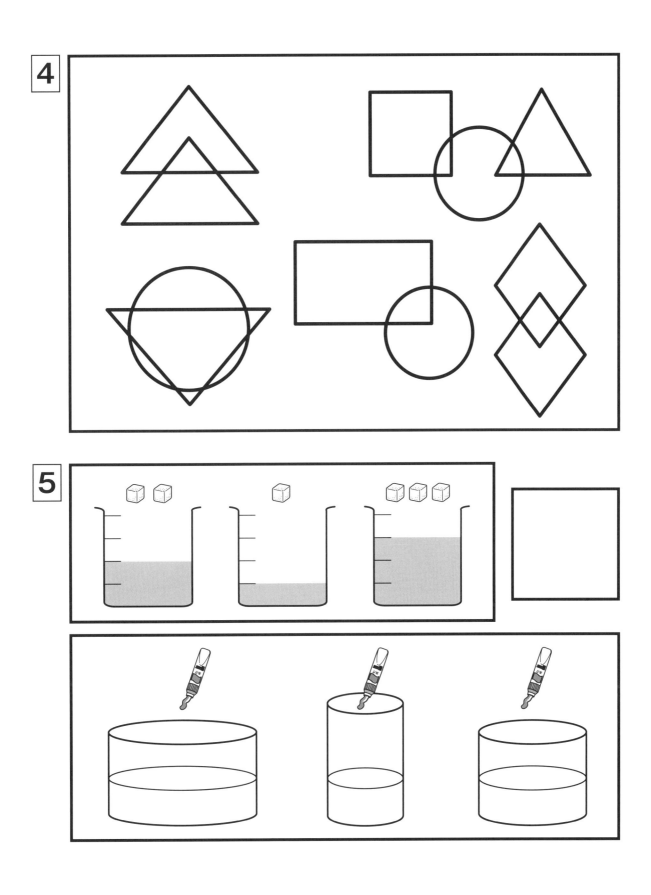

6

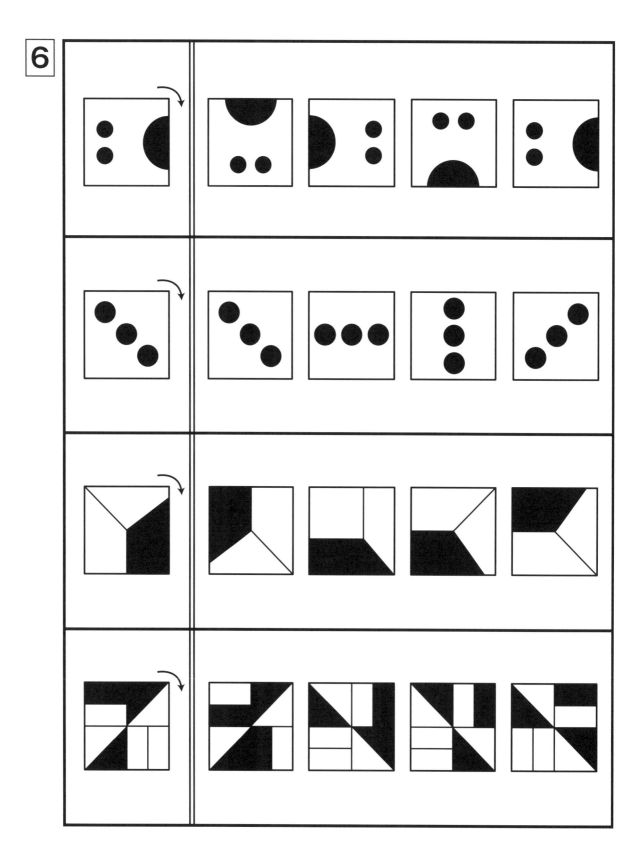

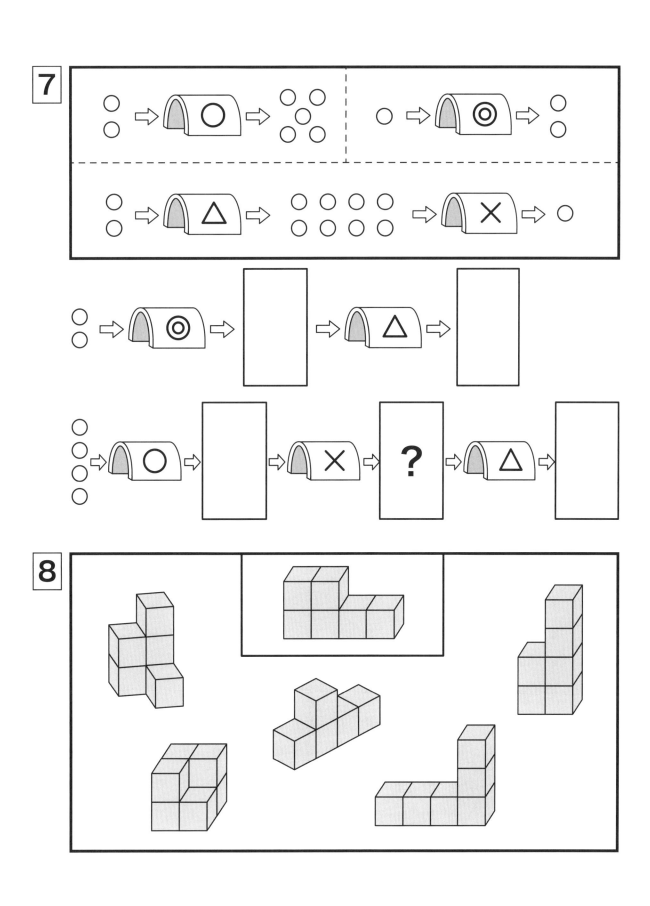

9

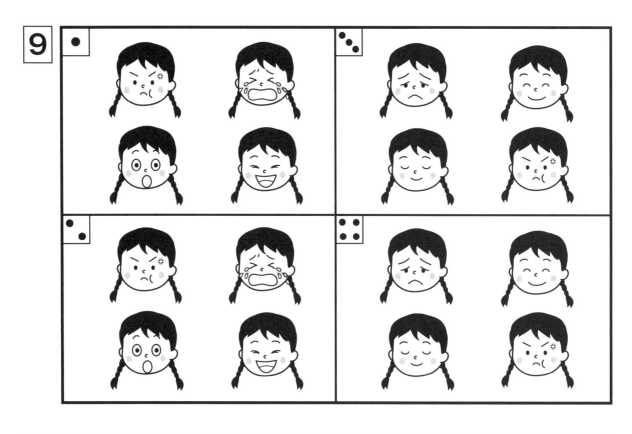

10

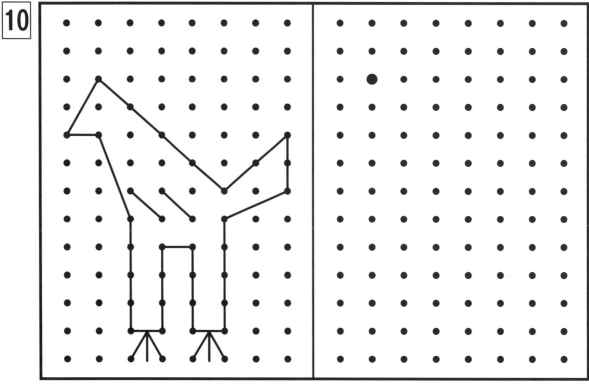

2021 東京都市大学付属小学校入試問題

section

■ 選抜方法

考査は2日間のうち希望日を1日選択する。いずれの考査日も10〜20人単位でのペーパーテスト、集団テスト、運動テストを行う。考査と並行して保護者面接が実施される。所要時間は約1時間30分。

■ ペーパーテスト

筆記用具は鉛筆を使用し、訂正方法は //（斜め2本線）または ×（バツ印）。出題方法は話の記憶のみ音声、そのほかは口頭。

1 話の記憶

「毎日暑い日が続き、外ではセミが元気に鳴いています。けんた君はお父さん、お母さん、妹のしずかちゃんと一緒に電車に乗って海に出かけました。海の水は真っ青で透き通り、きれいな模様の魚がたくさん泳いでいるのがよく見えます。さっそくけんた君は、お父さんと一緒に海に潜っていろいろな魚を見ていました。そこへしずかちゃんが、チューリップの絵が描かれた浮き輪を持ってやって来て『向こうにカニがたくさんいるよ』と言いました。けんた君が『あの、岩がたくさんあるところ？』と聞くと、『そうだよ。お父さんもお兄ちゃんも行ってみようよ』と言うので、3人でその岩場に行ってみました。すると、たしかにたくさんのカニがいます。うれしくなったけんた君がカニを1匹捕まえようとして手を伸ばしたところ、そのカニはサッと穴に隠れてしまいました。けんた君は『カニさん、出ておいで』と言いながら、穴に右手を入れてみました。するとそのとき、指の先に『チクッ』と痛みが走りました。どうやらカニに薬指の先を挟まれてしまったようです。驚いたけんた君はすぐに手を引っ込めましたが、痛くて我慢できません。『痛いよお』と泣きそうなけんた君を見たお母さんは、『だいじょうぶよ』と言いながら急いで手当てをして包帯を巻いてくれました。そのころしずかちゃんは、珍しいカニを見つけたようです。『お父さん、このカニ、右のはさみが大きくて面白いよ』と知らせました。お父さんは『本当だ。右だけ大きいなんて珍しいな』と言い、カニの写真を撮ってくれました。その後、けんた君とお父さんとしずかちゃんが貝殻拾いをしていると、お母さんが『そろそろお昼ごはんにしましょう』とみんなを呼びに来ました。お父さんとけんた君はおにぎりを3個ずつ、お母さんは2個、しずかちゃんは1個食べると、おにぎりは全部なくなってしまいました。おなかがいっぱいになった午後は、みんなで魚捕りです。網を使って魚を1人1匹ずつ捕まえました。気がつくともう夕方です。『今日は楽しかった。またみんなで海に来ようね』とけんた君はお父さんとお約束をして、バスに乗ってお家へ帰りました」

・浮き輪のところです。しずかちゃんの浮き輪はどれですか。○をつけましょう。

・手のところです。けんた君はどの指をカニに挟まれて手当てをしてもらいましたか。正しい絵に○をつけましょう。

・おにぎりのところです。家族みんなで何個のおにぎりを食べましたか。その数だけ○をかきましょう。

・乗り物のところです。けんた君たちは海から何に乗って帰りましたか。その乗り物に○をつけましょう。

2 話の記憶

「みかちゃんが朝起きてカーテンを開けると、外はとてもよいお天気です。今日はお友達のえりちゃんと、きれいなお花がたくさん咲いている公園で絵を描くお約束をしています。『今日はすてきな絵が描けそうだわ』とワクワクしてきました。『まずは着替えて、それから朝ごはんを食べなきゃね』と言い、さっと支度を済ませました。それから、絵を描くための道具を用意して出かけようとすると、お母さんが『えりちゃんと食べてね』と、2人分のお弁当をバスケットに入れて持たせてくれました。みかちゃんはえりちゃんのお家へ行き、2人で歩いて公園に行きました。公園にはきれいなお花がたくさん咲いています。2人は『何を描く?』と迷ってしまいました。少し考えてから、みかちゃんは『わたしはチューリップを描くわ』と言い、クレヨンを用意しました。えりちゃんは『わたしはスミレにするわ』と言い、絵の具を用意して、それぞれすてきなお花の絵を描きました。描き終わるとちょうどおなかが『グーッ』と鳴りました。2人は『お弁当にしようね』と言い、みかちゃんのお母さんが用意してくれたお弁当を開けてみました。『おいしそう』。お弁当は2人が好きなサンドイッチです。玉子とキュウリ、トマトが入っていてとてもおいしそうです。みかちゃんはサンドイッチを3個、えりちゃんは2個食べました。おなかがいっぱいになった2人は『お花の蜜を吸いに来たチョウチョを捕まえよう』と言い、みかちゃんはかぶっていた麦わら帽子を使って2匹、えりちゃんはひまわりのついた帽子を使って3匹捕まえました。『でも、やっぱりお花からお花へ飛んでいけないとかわいそうだね』と2人は言って、チョウチョを逃がしてあげました」

・お花のところです。2人がそれぞれ描いたお花はどれですか。○をつけましょう。

・そのすぐ下です。このお話の季節と仲よしのものはどれですか。○をつけましょう。

・女の子のところです。みかちゃんとえりちゃんは、それぞれ何を使って絵を描きましたか。それぞれが使った道具を選び、点と点を線で結びましょう。

・サンドイッチのところです。2人が食べたサンドイッチは全部で何個ですか。その数だけ○をかきましょう。

3 常 識

・左上です。マスクを正しく着けている様子はどれですか。○をつけましょう。

・左下です。鉛筆を正しく持っている様子はどれですか。○をつけましょう。

・右上です。1週間は何日ありますか。その数だけ○をかきましょう。

・右下です。卵から産まれるのはどの生き物ですか。○をつけましょう。

4 常 識

・左上です。おはしを正しく持っている様子はどれですか。○をつけましょう。

・左下です。お友達のお家へ遊びに行ったとき、玄関でどのように靴を脱げばよいですか。○をつけましょう。

・右上です。1年に月はいくつありますか。その数だけ○をかきましょう。

・右下です。食べるところが土の中で育つものはどれですか。○をつけましょう。

5 言語・話の理解・推理・思考（比較）

・1段目です。喜んでいる様子はどれですか。○をつけましょう。

・2段目です。がっかりしている様子はどれですか。○をつけましょう。

・3段目です。クネクネしているひもはどれですか。○をつけましょう。

・4段目です。一番上に描かれているお手本の定規を、2本つないだ長さのものはどれですか。○をつけましょう。

6 位置・置換

・上のお手本を見ましょう。帽子の絵を、それぞれ矢印の右の印に換えるお約束です。では、下の2つのマス目を見てください。左のマス目の帽子の絵を、お約束通り印に置き換えて、右のマス目にかきましょう。

7 推理・思考（対称図形）

・絵のように折った折り紙の黒いところを切り取って開くと、穴はいくつ開きますか。その数だけ○をかきましょう。

8 数 量

・ウサギとネコのリンゴの数を同じにするには、ウサギがネコに何個あげればよいですか。あげる数だけ、それぞれの下に○をかきましょう。

9 模写・点図形

・左のお手本と同じになるように、右にかきましょう。

集団テスト

🔖 制作（輪作り）

各自に新聞紙（1／2サイズ）1枚、折り紙（1／4サイズ）3枚（好きな色を選ぶ）、セロハンテープが用意されている。グループにより、新聞紙が2枚用意される場合もある。

- 新聞紙を丸めて細い筒状にした後で潰して薄くし、3ヵ所くらいをセロハンテープで留める。その端と端を少し重ねて留め、輪にする（新聞紙2枚のグループは、同様に作った2本をつなげて大きい輪にする）。
- 折り紙をちぎって新聞紙で作った輪に貼り、自由に装飾する。早くできたらもう1つ作ってもよい。

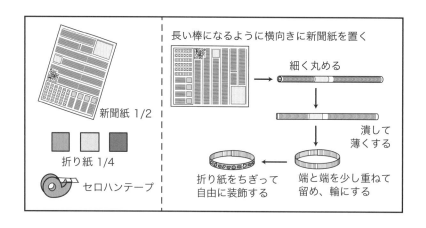

🔖 言　語

制作の途中でテスターより質問される。手を止めずに答えるよう指示がある。

- 今日は誰と、何に乗って来ましたか。
- 幼稚園（保育園）で好きな遊びは何ですか。
- お友達と何をして遊ぶのが好きですか。

🔖 行動観察（リレー）

制作で作った輪を使用する。

（新聞紙1枚で輪を作ったグループ）

赤、白、青のカラー帽子をかぶり、色別のグループに分かれて行う。新聞紙の輪を各自持ち、1列に並んだ3つのコーンの間をジグザグに走って往復する。スタート位置まで戻ったら、次の人と輪と輪でタッチする。進み方には以下のような指示がある。

- 輪を車のハンドルのように両手で持って走る。
- 輪を両手で頭の上で持ち、ウサギのように両足跳びで進む。
- 輪を腕にかけてスキップで進む。

🔊 行動観察（リズム・身体表現）

制作で作った輪を使用する。

（新聞紙2枚で輪を作ったグループ）

コーンで仕切られたスペースの中に各自の輪を置いて行う。

・スペースの中を自由に歩き、音声機器から流れる太鼓の音に従って動きを変える。「トン、トン、トン」で歩き、「トントトン、トントトン、トントトン」でスキップし、「ト、ト、ト、ト」でケンケンをし、「ドーン」で新聞紙の輪の中に入る。

・各自の輪の中で、テスターの言う言葉をジェスチャーで表現する。「ピョン、ピョン、ピョン」「コケコッコー」「ニョロニョロ」「ニャーニャー」「パオーン」など。

運動テスト

カラー帽子の色別のグループで行う。

🔊 模倣体操

制作で作った輪を使用する。

（新聞紙1枚で輪を作ったグループ）

・輪を自分の足元に置き、ひざの屈伸をする。

・輪を頭に載せてひざの屈伸をする。

・輪を両手の親指に引っかけて、足でグーチョキパーをくり返す。

（新聞紙2枚で輪を作ったグループ）

・輪を床に置き、その中でひざの屈伸をする。

・輪の中に入り、前後に両足跳びを行い、輪から出たり入ったりする。

・輪を左右どちらかの肩にかけ、かけた方の腕を回す。

保護者面接

父　親

・志望理由をお話しください。

・将来、どのようなお子さんに育ってほしいですか。

・数ある私立校の中で、本校を受験することになったきっかけは何ですか。

・お子さんはどのような性格ですか。奥さまの回答に補足することはありますか。

・（母親の回答を受けて）しかられるとお子さんはどのように受け止めていますか。

・休日はお子さんとどのように過ごしていますか。

母 親

・志望理由をお聞かせください。ご主人の回答に補足することはありますか。

・本校のどのようなところがお子さんに合っていると思いますか。

・お子さんはお家でどのようなお手伝いをしていますか。

・本校でお子さんにどのような経験をさせたいですか。

・どのようなお子さんですか。幼稚園（保育園）の先生からは、どのように言われていますか。

・幼児教室には通われていますか。それはどこですか。

・お子さんはどのような性格ですか。

・お子さんをどのようなときにしかりますか。またどのようなときにほめますか。

・お子さんが今、一番頑張っていることは何ですか。

・お子さんの性格と本校との相性について、お考えをお聞かせください。

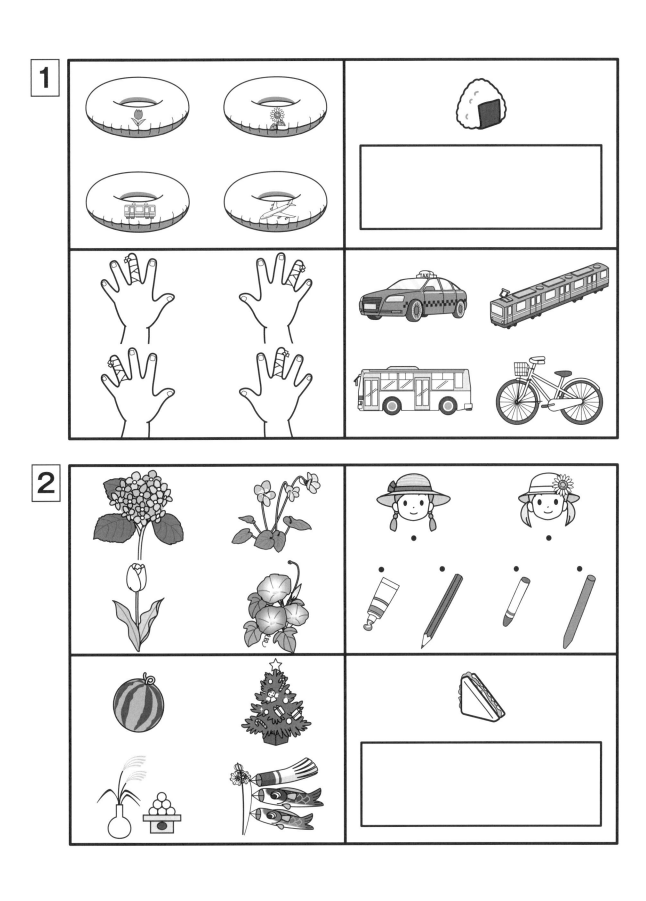

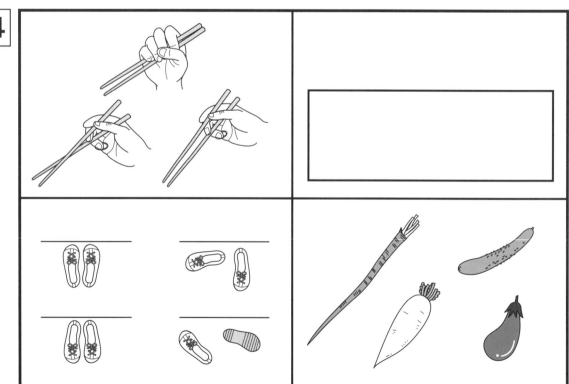

5

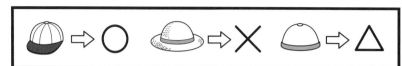

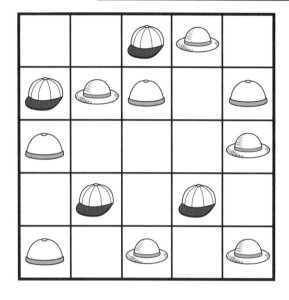 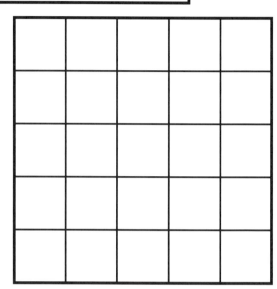

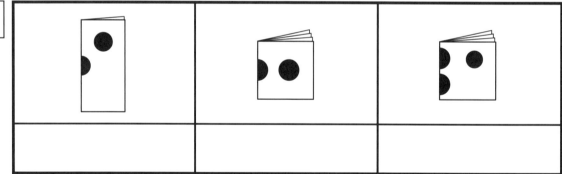

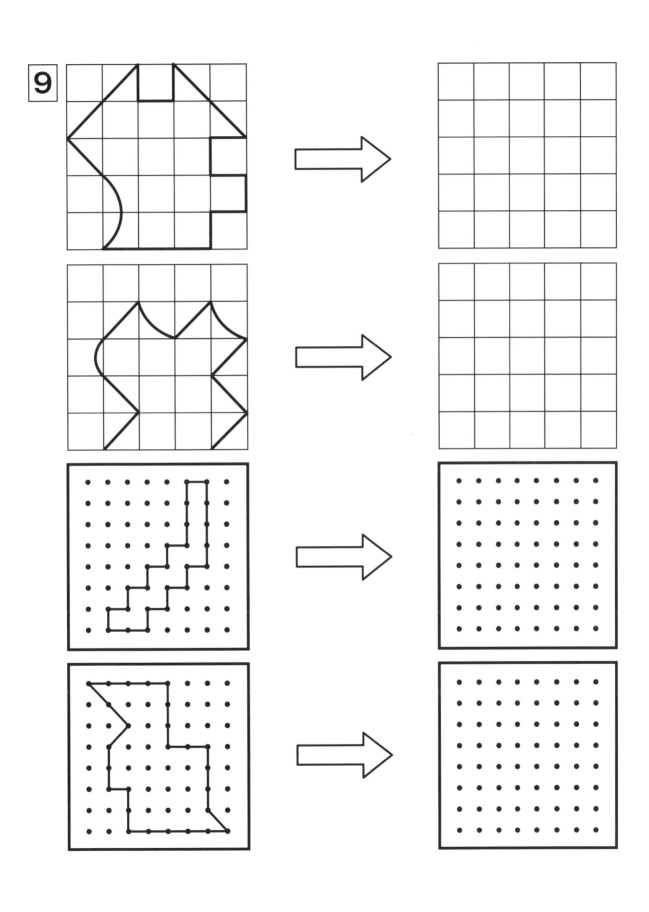

2021

■ 選抜方法

考査は2日間のうち希望日を1日選択する。いずれの考査日も約20人単位でのペーパーテスト、集団テスト、運動テストを行う。考査と並行して保護者面接が実施される。所要時間は約1時間30分。

■ ペーパーテスト

筆記用具は鉛筆を使用し、訂正方法は // (斜め2本線) または × (バツ印)。
出題方法は話の記憶のみ音声、そのほかは口頭。

1 話の記憶

「よく晴れた日曜日に、けんた君は妹のなつみさん、お父さん、お母さんと一緒に動物園に行きました。電車が好きなけんた君ですが、今日はバス停まで歩いていってそこからバスに乗りました。動物園に着くと、けんた君は『最初にライオンが見たいな！』と動物園の地図を見ながら言いました。隣から地図をのぞき込んでいたなつみさんが『わたしはゾウが見たいわ』と言ったので、2人はジャンケンをして見る動物の順番を決めることにしました。ジャンケンをするとなつみさんが勝って、まず初めにゾウを見ました。2人の近くでゾウの親子が水浴びをしたので、2人とも大喜びです。次に見たのはキリンでした。飼育員さんに『餌をやってもいいですよ』と言われたのですが、なつみさんは怖がってしまいできません。けんた君が餌のニンジンを持って手を伸ばすと、長い首をしたキリンの顔がけんた君のすぐ近くまで来て、長い舌を伸ばしてニンジンをペロリと食べてしまいました。ちょっとドキドキしましたが、けんた君は『僕、すごいでしょ！』と言ってお父さんに写真を撮ってもらいました。次にワニとコアラを見に行きましたが、どちらも気持ちよさそうに寝ていたので、後でもう一度見ることにしました。さあ、いよいよ次はライオンを見に行く番です。するとそのときお母さんが、『ライオンがいるところは少し遠いから、先にお昼ごはんにしましょう』と言って、広場の一番高い木の下で、みんなでお昼ごはんを食べることにしました。お父さんはおにぎりを3個、お母さんとけんた君は2個ずつ食べ、なつみさんは1個食べました。それからライオンを見に行く途中で、ヘビを見ました。けんた君は飼育員さんに『ここにいるヘビは何を食べるのですか？』と大きな声で聞いてみました。すると飼育員さんは『この箱を開けると餌が入っているんだよ。今から開けてみるからよく見ていてね』と言って、箱を2つ持つと柵の中に入って行き、2匹のヘビのそばまで行きました。『怖くないのかな』と、けんた君となつみさんが心配そうに見ていると、飼育員さんが箱を開けました。1つの箱にはカエル、もう1つの箱にはネズミがいます。ヘビは音もたてずにそっと近づくと、ペロッと食べてしまいました。初めてヘビが餌を食べるところを見た2人は、目が真ん丸になりました。飼育員さんにお礼を言

ってから、いよいよライオンを見に行く番です。ライオンに詳しいけんた君は、なつみさんに『ライオンはさっき見たキリンと違って肉を食べるんだよ』など、いろいろと教えてあげました。ライオンを見てからお家に帰る途中、なつみさんはタクシーの中で寝てしまいました。けんた君は『何だか今でも胸がドキドキするよ』と言い、『お家に着いたらヘビとキリンの絵を描いて、明日幼稚園のみんなに見せてあげよう』と張り切っています。皆さんはどんな生き物が好きですか」

・4人の顔のところです。けんた君が動物園に行くときに乗った乗り物に○、帰りに乗った乗り物に△をつけましょう。
・男の子の顔のところです。けんた君が最初に見たかった生き物は何でしたか。正しいものを選んで○をつけましょう。
・おにぎりのところです。お昼ごはんに家族みんなで食べたおにぎりの数は、合わせて何個ですか。その数だけ○をかきましょう。
・ヘビのところです。ヘビは餌に何を食べましたか。正しいものを選んで○をつけましょう。

2 話の記憶

「同じ幼稚園のたろう君とりこさんの2人は、たろう君のお家でトランプをして遊んでいました。そのうちに飽きてしまったので、2人で公園に行くことにしました。途中でりこさんのおばあちゃんに会い、おばあちゃんからアメを4個ずつもらいました。公園に着いたら、まずはシーソーで遊ぶことにしました。シーソーに乗って2人とも足を上げて地面から離してみたら、りこさんの方が下がりました。たろう君は『何でだろう』と不思議そうです。次に2人はすべり台で遊ぶことにしましたが、長い方のすべり台は混んでいたので、仕方なく短い方のすべり台で遊びました。しばらく遊んでいると、たろう君が『りこちゃん、セミを捕まえに行こうよ』と言いました。りこさんは『セミは鳴き声がうるさいし、触るのはちょっと怖いわ。わたしはセミの抜け殻を探すわ』と言うので、セミ捕りと抜け殻集めの競争をすることにしました。2人とも公園の中をあちこち探しました。たろう君はかぶっていた帽子の中に、りこさんはおばあちゃんにもらったアメが入っていた袋に、それぞれセミと抜け殻を入れました。りこさんは抜け殻を9個拾い、たろう君はそれより4つ少ない数だけセミを捕まえました。『これは何という名前のセミだろうね』『セミの種類によって抜け殻も違うのかな』と話しながらお家へ帰りました。きっと2人はお家に着いてから、昆虫図鑑で調べたのでしょうね」

・お家のところです。お家の中で、たろう君とりこさんは何をして遊んでいましたか。合う絵に○をつけましょう。
・アメのところです。たろう君とりこさんがおばあちゃんからもらったアメの数を合わせ

ると何個ですか。その数だけ○をかきましょう。

・シーソーのところです。公園でシーソーに乗って遊んだとき、シーソーが下がったのは
男の子と女の子のどちらですか。男の子が下がったと思う人は○、女の子が下がったと
思う人は△、つり合ったと思う人は□をかきましょう。

・虫捕り網のところです。たろう君はセミを全部で何匹捕まえましたか。その数だけ○を
かきましょう。

3 数量（マジックボックス）

・上のお手本を見ましょう。星のトンネルを通ると、丸が1つ増えます。二重丸のトンネ
ルを通ると、丸が1つ減ります。三角のトンネルを通ると、通る前にあった数だけ丸が
増えるお約束です。では、下を見ましょう。空いている四角にはそれぞれ丸がいくつあ
りますか。その数だけ○をかきましょう。

4 推理・思考（回転図形）

・左の四角に2枚のカードがあります。それぞれの星が横に並ぶように向きを変えて並べ
ると、どのようになりますか。それぞれの段で正しいものを、右から選んで○をつけま
しょう。カードは回してもよいですが、重ねてはいけません。

5 言語（しりとり）

・それぞれの段で、矢印の向きに四角の中のものをしりとりでつなげていきます。絵が3
つ入っているところでは、どれを選べばよいですか。四角の上にかいてある黒丸と同じ
数の音のものを選んで、○をつけましょう。

6 推理・思考（重さ比べ）

・上のお手本を見ましょう。リンゴはアメ1個、ブドウはアメ2個、イチゴはアメ3個と
同じ重さです。では、下の2段を見ましょう。左端の四角の中の果物とつり合うのは、
右の3つの四角のうちどれですか。正しいものを選んで○をつけましょう。

7 模　写

・左のお手本と同じになるように、矢印の右側にかきましょう。下まで全部やりましょう。

集団テスト ┃ カラー帽子をかぶって行う。

🖥 制作・行動観察（しっぽ取りゲーム）

点線が入った台紙（A4判）、一方の端にマジックテープがついた平らなひも、ベルト、

クーピーペン（12色）、セロハンテープが用意されている。

・台紙の点線を山折りにして、表面にクーピーペンで好きな絵や模様を描く。台紙の折り
たたんだ中にマジックテープつきの平らなひもを挟んでセロハンテープで留め、しっぽ
を作る。腰にベルトをつけたら、ベルトにしっぽをマジックテープで留める。

・みんなでしっぽ取りゲームをする。お友達のしっぽを取ったら返し、またほかの人のし
っぽを取りに行く。取られた人はしっぽをつけ直してもう一度やり直してよい。途中で
太鼓が鳴ったら動くのをやめて、もう一度鳴ったらまた遊びを再開する。途中でシンバ
ルが鳴ったらその場で止まり、しゃがんで目をつぶる。もう一度鳴ったらまた遊びを再
開する。

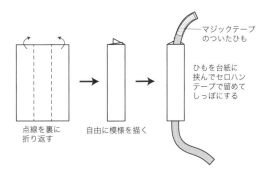

制作・行動観察（障害物ゲーム）

青い台紙、プラスチック製の丸いシート、クーピーペン(12色)、セロハンテープ、はさみ、
ゴミ箱、ウェットティッシュが用意されている。ほかに障害物として、サメの絵が貼られ
たコーンがいくつかある。

・台紙に好きな絵を描く。描き終えたらはさみで切り取り、プラスチック製の丸いシート
にセロハンテープで貼って水たまりを作る。

・床に置かれたマットから反対側のマットまで、障害物にぶつからないように移動するゲ
ームをする。初めにサメのコーンや作った水たまりを障害物としてどこに置くかお友達
と相談して、決めたところに置いていく。その後で2人1組になり、そのうち1人が目
隠しをする。目隠しをした人が水たまりを踏んだりサメにぶつかったりしないように、
もう1人が「前」「左」など声をかけながら、一緒にゴールまで進む。

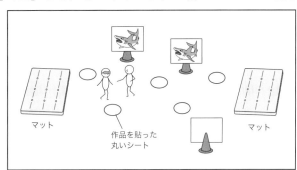

運動テスト

スキップ

4〜5mをスキップで往復する。

両足跳び

4〜5mを両足跳びで往復する。

模倣体操

・指を折ったり開いたりする。
・左右の手でグーパーをする。

保護者面接

父 親

・志望理由をお聞かせください。
・私学がたくさんある中で、本校を選んだ理由をお聞かせください。
・本校には何回来られましたか。
・お父さまの名前の由来をお聞かせください。
・お父さま、お母さまのご職業について教えてください。
・休日の過ごし方について教えてください。
・怒るとしかるの違いをどのようにお考えですか。
・幼児教室に通われているとのことですが、今日のお子さんの様子はいかがですか。
・模擬テストなどは受けたことがありますか。本校の過去問には目を通していらっしゃいますか。
・やや遠方のようですが、お住まいについてお聞かせください。
・通学について、経路と所要時間を教えてください。

母 親

・志望理由をお聞かせください。ご主人の回答に補足することはありますか。
・本校には何回来られましたか。
・本校に来られての印象をお聞かせください。
・お子さんについて30秒でアピールしてください。

・お子さんに、ここは直してほしいと思うことはありますか。

・お子さんはどのような性格ですか。

・弟（妹）さんは幼稚園（保育園）に通っていますか。

・怒るとしかるの違いをどのようにお考えですか。ご主人の回答に補足することはありますか。

・中学受験を見据えて本校を選ばれたのですか。

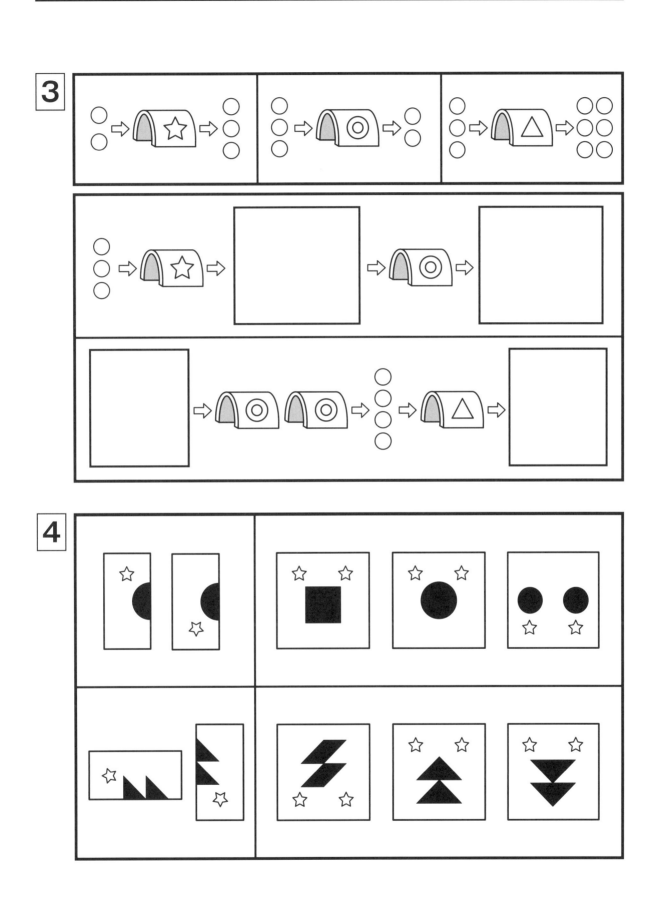

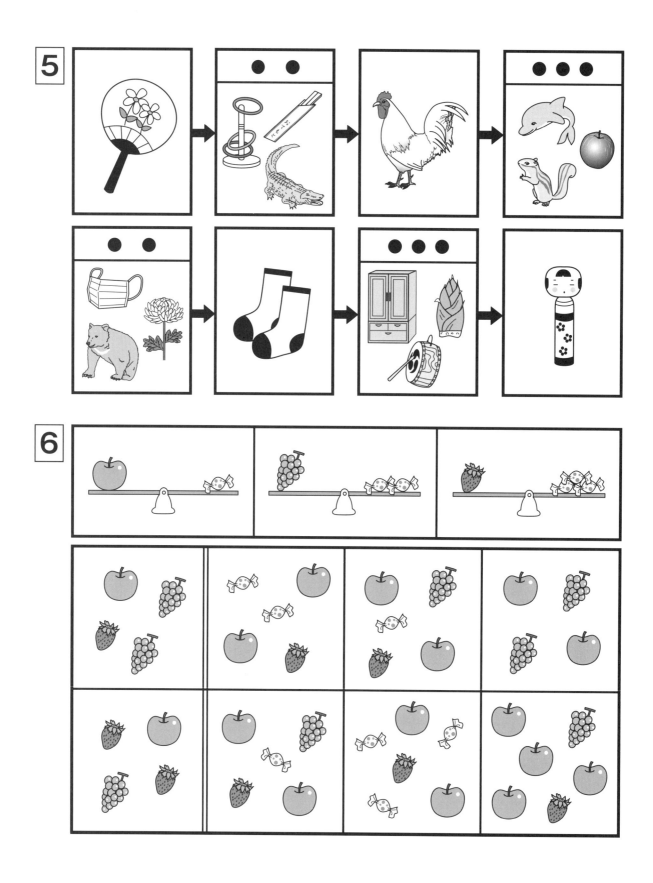

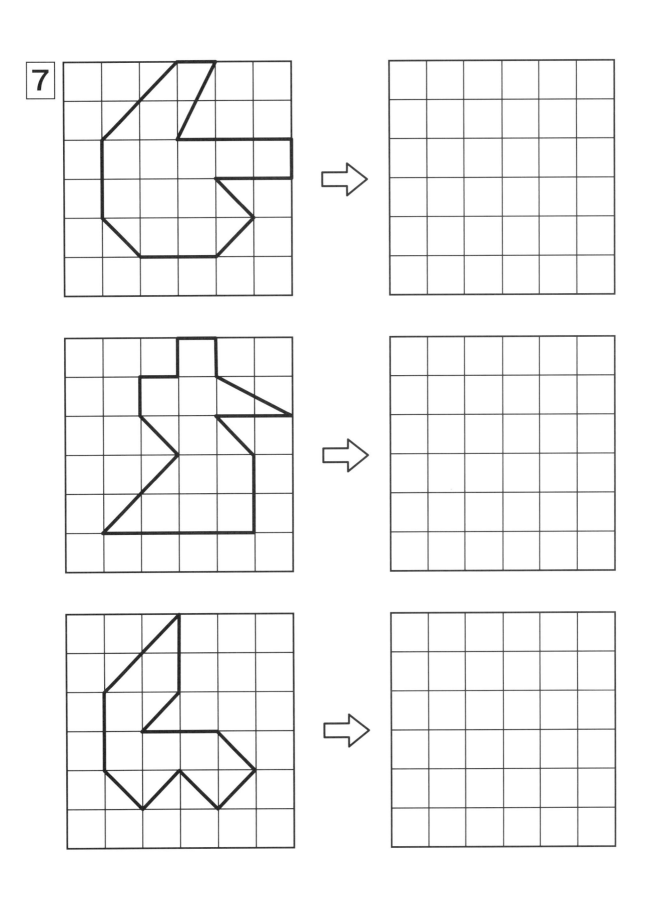

2019 東京都市大学付属小学校入試問題

■ 選抜方法

考査は2日間のうち希望日を1日選択する。いずれの考査日も約20人単位でのペーパーテスト、集団テスト、運動テストを行う。考査と並行して保護者面接が実施される。所要時間は約1時間30分。

┃ ペーパーテスト

筆記用具は鉛筆を使用し、訂正方法は // （斜め2本線） または ✕ （バツ印）。出題方法は話の記憶のみ音声、そのほかは口頭。

1 話の記憶

「今日はとてもよい天気なので、動物たちは公園の池にオタマジャクシを捕まえに行くことにしました。タヌキさんは丸い形の網、ネコさんは三角の形の網、ゾウ君は四角い形のバケツを持ってきています。ブタ君はリュックサックを持ってきていて、その中にはおやつが入っています。そしてみんなで『かえるのうた』を歌いながら、公園に向かいました。公園の池に着くと、さっそくみんなでオタマジャクシを探し始めました。すると、あちらこちらでオタマジャクシが泳いでいます。卵も見つけました。タヌキさんが『あっ、こっちの草の陰に隠れているよ！　みんな早くおいでよ！』と大きな声で言ったので、オタマジャクシたちはビックリして逃げてしまいました。『タヌキさん、オタマジャクシを捕まえるためには、静かにそっと網を近づけないといけないよ。わたしのお手本を見てて』とネコさんが言って、足音も立てずに近づいたそのときです。ゾウ君が『ハクション！』と大きなくしゃみをしました。そのくしゃみに驚いたネコさんは『わぁっ！！』と高くジャンプしてしまいました。そのせいで、またまたオタマジャクシたちは逃げてしまい、『ごめん、ごめん……』とゾウ君は謝りました。みんなはオタマジャクシをなかなか捕まえられませんでしたが、最後にはタヌキさんは2匹、ネコさんは3匹、ブタ君とゾウ君は1匹ずつ捕まえることができました。捕まえたオタマジャクシをゾウ君の持ってきた大きな四角いバケツに入れてじっくり見てみると、手も足も生えているオタマジャクシがいました。じっくり見た後、みんなでオタマジャクシたちを池に逃がしてあげました。『そろそろ帰ろうか。おなかがすいちゃったしね』とゾウ君が言うと、ブタ君が『僕、みんなのおやつを持ってきたよ』と言って、リュックサックからおいしそうなクッキーを出しました。みんなは公園のベンチで仲よく2枚ずつクッキーを食べてから、お家に帰りました。お家に帰ったネコさんは、家族に今日のお話をしました。すると、お母さんから『えらかったわね、ちゃんと逃がしてあげて』と言われました。もう少したったらオタマジャクシたちはカエルになって、動物たちと会えるかもしれませんね」

・サイコロ1のところです。お話に出てこなかった動物の顔に○をつけましょう。

・サイコロ2のところです。動物たちは全部で何匹のオタマジャクシを捕まえましたか。その数だけ○をかきましょう。

・サイコロ3のところです。お話に出てきたカエルの卵はどれだと思いますか。正しい絵に○をつけましょう。

・サイコロ4のところです。動物たちが食べたクッキーは全部で何枚でしたか。その数だけ○をかきましょう。

2　数量（マジックボックス）

・上のお手本を見ましょう。丸いトンネルを通るとリンゴが2つ増え、三角のトンネルを通ると1つ減るお約束です。では、下の空いている四角のリンゴはそれぞれいくつですか。その数だけ四角の中に○をかきましょう。

3　推理・思考（対称図形）

・左のように折った折り紙の黒いところを切り取って開くと、どのようになりますか。正しいものを、それぞれ右から選んで○をつけましょう。

4　位置・置換

・上にあるお手本を見てください。それぞれの絵は、矢印の右の印にするお約束です。では、すぐ下のマス目の中の絵をお約束通りの印に置き換えて、一番下のマス目にそれぞれの印をかきましょう。

5　常識・話の理解

・動物たちがお話をしています。正しいことを言っている動物に○をつけましょう。

（1段目）

リス　　「お月見は秋の夜にお月様を見るよ」

ブタ　　「お月見は夏の夜にお月様を見るよ」

イヌ　　「お月見は冬の夜にお月様を見るよ」

（2段目）

リス　　「おはしの数え方は1足、2足だよ」

ブタ　　「おはしの数え方は1本、2本だよ」

イヌ　　「おはしの数え方は1膳、2膳だよ」

タヌキ　「おはしの数え方は1枚、2枚だよ」

（3段目）

リス　　「ごはんを食べ終わったら『ごめんなさい』って言うよ」

ブタ　　「ごはんを食べ終わったら『いただきます』って言うよ」

イヌ　　「ごはんを食べ終わったら『さようなら』って言うよ」

タヌキ　「ごはんを食べ終わったら『ごちそうさま』って言うよ」

（4段目）

リス　　「コスモスが咲く季節は夏だよ」

ブタ　　「コスモスが咲く季節は冬だよ」

イヌ　　「コスモスが咲く季節は秋だよ」

タヌキ　「コスモスが咲く季節は春だよ」

6 推理・思考（重ね図形）

・上の四角の中のお手本は、透き通った紙にかいてあります。真ん中の線で矢印の方向にパタンと折って重ねると、どのようになりますか。それぞれ下の四角から正しいものを選んで○をつけましょう。

7 模　写

・左のお手本と同じになるように、右のマス目にかきましょう。

集団テスト

行動観察（ジャンケンゲーム）

2チームでジャンケンゲームを行う。まず、自分の帽子についている数字と同じ番号のカードをカゴから取り出して持つ。順番に一列に並び、先頭の子から星印のマス目に立って相手チームの同じ順番の子とジャンケンをし、勝ったらそこから縦か横に進んでいく。勝ったときに進めるマス目の数にはお約束があり、グーで勝ったら「グミ」の音の数と同じ2マス、チョキなら「チョコ」の3マス、パーなら「パソコン」の4マス進むことができる。ただし色のついたマス目は通ることができず、また斜めにも進めない。勝った人は持っているカードを進んだ先のマス目に置いて自分のチームの列の一番後ろにつき、負けた人はカードをカゴに戻して自分のチームの列の一番後ろにつく。次の順番の人は前の人がカードを置いたマス目からスタートする。「やめ」と言われたときに、どちらが相手チームの星印のマス目の近くまで進んだかを競争する。

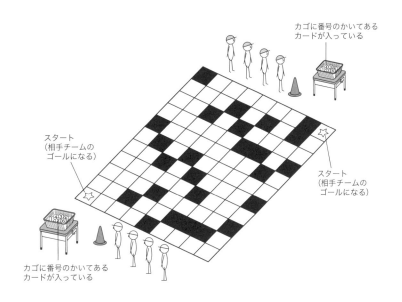

カゴに番号のかいてある
カードが入っている

スタート
（相手チームの
ゴールになる）

スタート
（相手チームの
ゴールになる）

カゴに番号のかいてある
カードが入っている

運動テスト

模倣体操

テスターのまねをして、以下のような体操をくり返す。

・右手を右肩に置いて左手を上げる→左手を左肩に置いて右手を上げる→右手を右肩に置いて左手を前に出す→左手を左肩に置いて右手を前に出す→右手を右肩に置いて左手を横に伸ばす→左手を左肩に置いて右手を横に伸ばす→右手を右肩に置いて左手を下に伸ばす→左手を左肩に置いて右手を下に伸ばす。

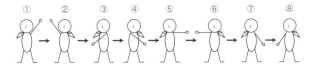

模倣体操

「メリーさんのひつじ」の歌に合わせて、テスターと同じ動きをする。「ド」の音のときは両手を下げ、「レ」の音のときは両手を腰に当て、「ミ」の音のときは両手を胸の前で交差させ、「ソ」の音のときはバンザイをする。

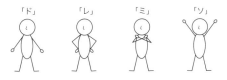

保護者面接

父　親

・志望理由をお聞かせください。

・お子さんは習い事をしていますか。それは何ですか。

・お子さんの長所と短所のうち、長所を教えてください。

・お子さんが熱中していることは何ですか。

・休日のお子さんとの過ごし方についてお聞かせください。

・本校への来校回数はどれくらいですか。

・（公開行事などに参加している場合）本校の印象についてお聞かせください。

母　親

・志望理由をお聞かせください。ご主人のお話に追加したいことはありますか。

・ご家庭での教育方針をお聞かせください。

・（公開行事などに参加している場合）本校の印象についてお聞かせください。

・本校のどのようなところに魅力を感じていますか。

・お子さんの性格について教えてください。

・お子さんは幼児教室に通われていますか。

・お子さんの長所と短所のうち、短所を教えてください。

・お子さんは通学に時間がかかりそうですが、しばらくはつき添いができますか。

2

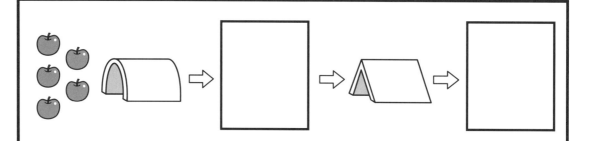

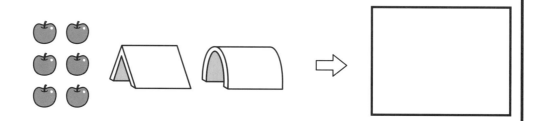

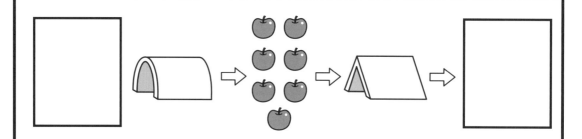

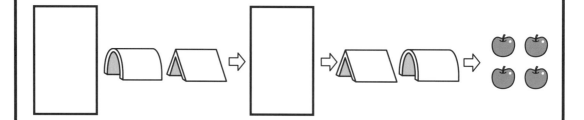

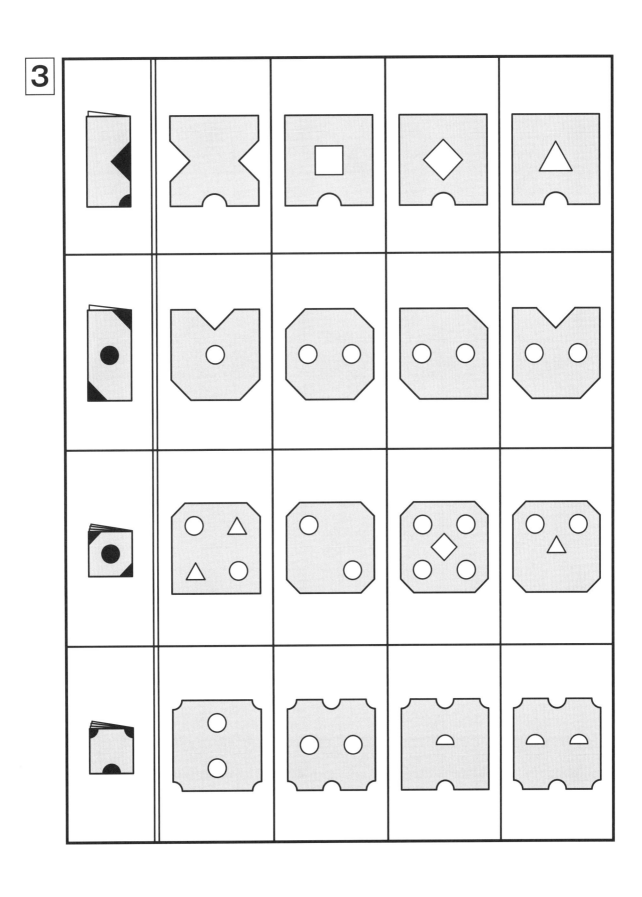

4

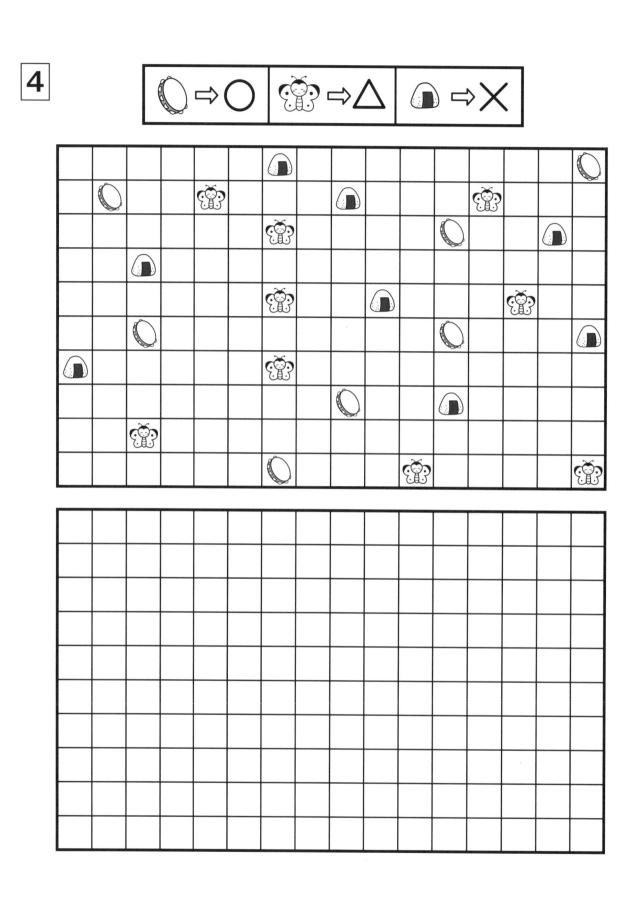

5

6

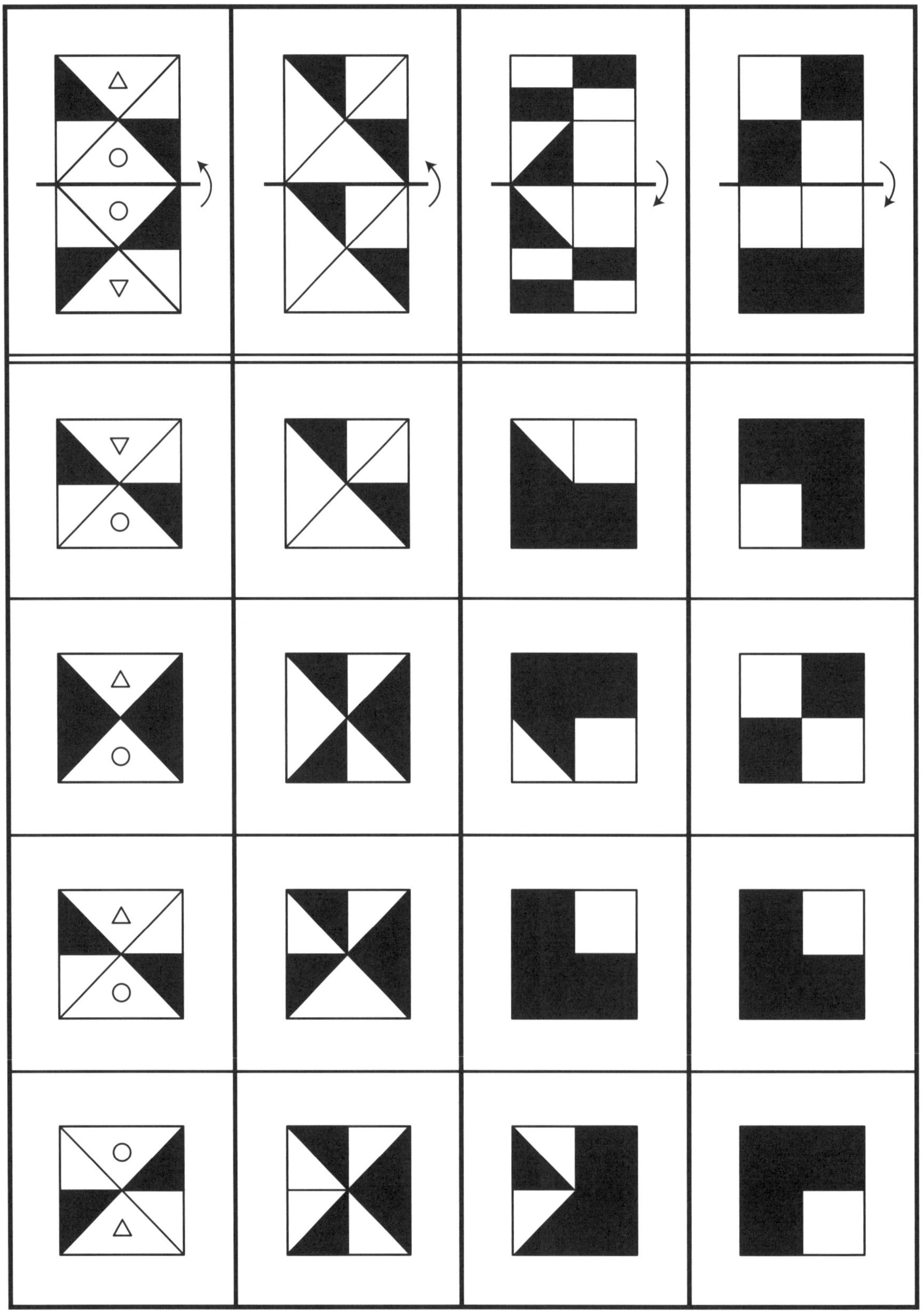

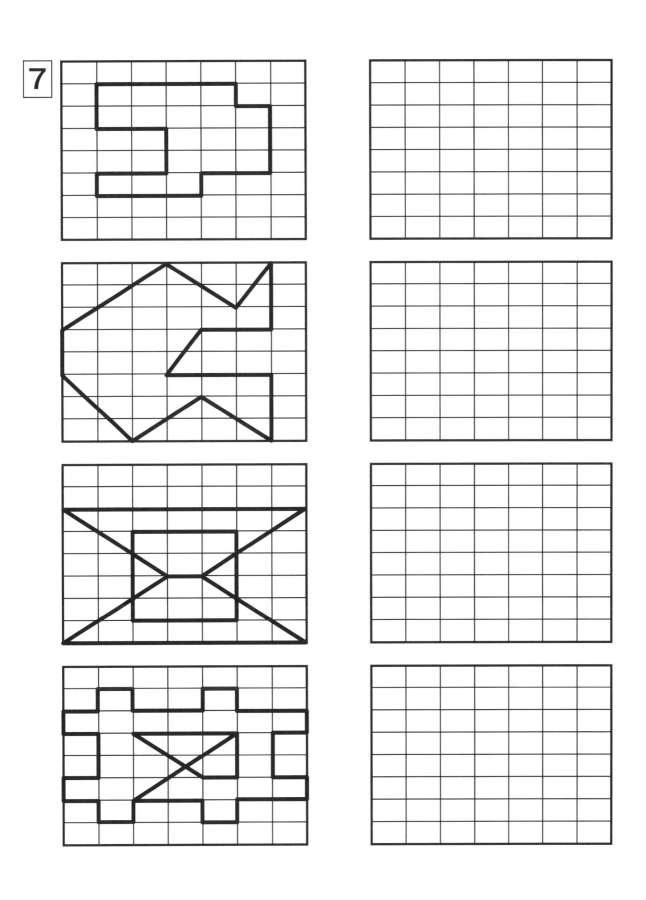

2018 東京都市大学付属小学校入試問題

■ 選抜方法

考査は2日間のうち希望日を1日選択する。いずれの考査日も約20人単位でのペーパーテスト、集団テスト、運動テストを行う。考査と並行して保護者面接が実施される。所要時間は約1時間30分。

▋ ペーパーテスト

筆記用具は鉛筆を使用し、訂正方法は //（斜め2本線）または ×（バツ印）。出題方法は話の記憶のみ音声、そのほかは口頭。

1 話の記憶

「森の公園で動物たちがサッカーをすることになりました。イヌ君、ウサギさん、クマ君は赤チーム、ブタさん、ネコさん、キツネ君は青チームに分かれました。みんなで仲よくサッカーをしていましたが、途中でイヌ君がボールに乗っかり転んでしまいました。『え～ん！』と大きな声で泣いてしまったイヌ君を見てほかの動物たちは心配そうにしていましたが、ウサギさんだけ何やら一生懸命にかばんの中を探しています。そのうちにウサギさんが『あった！　あった！　イヌ君、もうだいじょうぶだよ！』と言いました。ほかの動物たちが不思議そうな顔をしていると、ウサギさんはイヌ君にばんそうこうを渡して言いました。『わたしはときどき転ぶことがあるから、出かけるときはいつもばんそうこうを持ち歩いているの。よかった、お役に立てて』。さっきまで泣いていたイヌ君でしたが、ばんそうこうを貼ったら元気になってきて、少し痛かったけれどサッカーの続きをしました。試合はどちらのチームも2点ずつ点を取ったので引き分けでした。サッカーが終わって帰る途中、キツネ君が『あっ！　こんなところにツクシが生えてるよ！』とみんなに教えてくれました。そろって夢中になってツクシを探すと、みんな仲よく見つけることができました。見つけたツクシを数えていると、ブタさんが急に『あ～！』と大きな声を出したので、みんなびっくり。『どうしたの、ブタさん？』とみんなが聞くと、ブタさんは『森の公園にサッカーボールを忘れてきちゃった！』と言いました。困った顔をしたブタさんを見て、クマ君が『僕はかけっこが得意で速いから、今から公園に行ってボールを取ってくるよ』と言いました。皆さんも忘れ物には気をつけましょうね」

・お話に出てこなかった動物の顔に○をつけましょう。

・サッカーの途中で「え～ん！」と泣いてしまった動物の顔に○をつけましょう。

・このお話の季節はいつですか。同じ季節のものに○をつけましょう。

・サッカーの試合はどちらのチームが勝ちましたか。青チームなら左側の四角に、赤チームなら右側の四角に、引き分けなら真ん中の四角に○をかきましょう。

② 推理・思考（ルーレット）

・左側に、内側だけが回るルーレットがあります。矢印の向きにネコが３つ動いたとき、シマウマはどの果物のところに来ますか。右側の上にある果物の絵に○をつけましょう。

・矢印の向きにサルが６つ動いたとき、イヌはどの果物のところに来ますか。右側の下にある果物の絵に○をつけましょう。

③ 推理・思考（重ね図形）

・上の段です。上の四角に、透き通った紙にかかれた２枚の絵があります。２枚をそのまま重ねたときの様子を、すぐ下のマス目にかきましょう。

・下の段です。上の四角に、透き通った紙にかかれた２枚の絵があります。２枚をそのまま重ねたとき、マス目が白いままなのはどこですか。すぐ下のマス目の同じ場所に○をかきましょう。

④ 言語（しりとり）

・マス目の中の絵は、縦にも横にもしりとりでつながります。印のあるマス目には何が入りますか。合うものを１つずつ下の四角の中から選んでその印をつけましょう。

⑤ 位置・置換

・一番上の四角を見てください。四角の中の絵は、それぞれ矢印の右の印にするお約束です。では、すぐ下のマス目の中の絵をお約束通りの印に置き換えて、一番下のマス目にかきましょう。

⑥ 推理・思考（重さ比べ）

・上の段です。シーソーで重さ比べをしました。一番重いものを選んで、右の絵に○をつけましょう。

・真ん中の段です。シーソーで重さ比べをしました。一番軽いものを選んで、右の絵に○をつけましょう。

・下の段です。ブタの入れ物には７個、ウシの入れ物には10個のボールが入っています。下のシーソーをつり合うようにするには、ブタの入れ物が載っているシーソーに、あと何個のボールを載せたらよいですか。その数だけ、下の長四角に○をかきましょう。

⑦ 常識（昔話）

・上のものが出てくるお話を下から探して、点と点を線で結びましょう。

・左のお手本と同じように右にかきましょう。

集団テスト

内容は日程、時間帯によって異なる。1グループ8〜10人で行う。教室の壁に貼られたラインで身長を測り、赤、白、青の3グループに分かれる。

制　作

各自に星印のある色画用紙が1枚配られる。グループごとにクーピーペン、セロハンテープが用意されている。画用紙を半分に折り、開いて真ん中の折れ線に合わせて両端から折り、4つの部屋に分ける。星印のある部屋以外のところに、クーピーペンで自由に絵を描く。画用紙を、絵を外側にしながら星印が隠れるように三角柱に組み立て、セロハンテープで貼り合わせる。

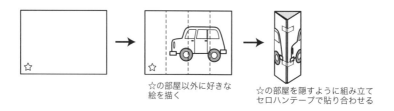

☆の部屋以外に好きな絵を描く

☆の部屋を隠すように組み立てセロハンテープで貼り合わせる

行動観察（ドミノ倒し）

（制作で作った三角柱を使用する）

制作で作った三角柱と同じものがたくさん用意されている。自分で作った三角柱と用意されている三角柱をお友達と協力して並べて、ドミノ倒しをする。多く倒したグループの勝ち。

行動観察（お城作り）

（制作で作った三角柱を使用する）

お手本のお城の写真、たくさんの四角柱や制作で作った三角柱と同じものが用意されている。自分で作った三角柱と用意されている三角柱や四角柱を使って、お手本のようなお城をお友達と協力して台の上に作る。作ったお城を台の上に載せたままカゴまで運び、全部の柱をカゴの中に入れる。

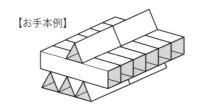

【お手本例】

運動テスト

模倣体操

・指の曲げ伸ばしをする。開いた手を1～5の号令に合わせて親指から順に折っていき、グーにした手を1～5の号令に合わせて小指から順に開いていく。
・手をグーパーする。グーのときは胸の前で手をグーに、パーのときは手を前に伸ばしてパーにする。
・頭の後ろでひじをつかんでストレッチをする。
・腕を肩からグルグル回す。
・ひざの屈伸をする。

保護者面接

父 親

・志望理由をお聞かせください。
・お子さんは習い事をしていますか。それは何ですか。
・お子さんが熱中していることは何ですか。
・お子さんのここは直してほしいと思うところはどこですか。
・休日のお子さんとの過ごし方についてお聞かせください。
・珍しい名字ですが、ご出身はどちらですか。
・(公開行事などに参加している場合) 本校の印象についてお聞かせください。

母 親

・志望理由をお聞かせください。
・ご家庭での教育方針をお聞かせください。
・(父親の回答を受けて) お子さんの直してほしいと思うところはありますか。
・(公開行事などに参加している場合) 本校の印象についてお聞かせください。
・幼児教室には通っていらっしゃいますか。
・本校の過去問には目を通していらっしゃいますか。
・内部進学ができる私学の幼稚園にお通いのようですが、そちらの小学校に進学のご予定はないのですか。
・ご自身は中学校受験をされましたか。

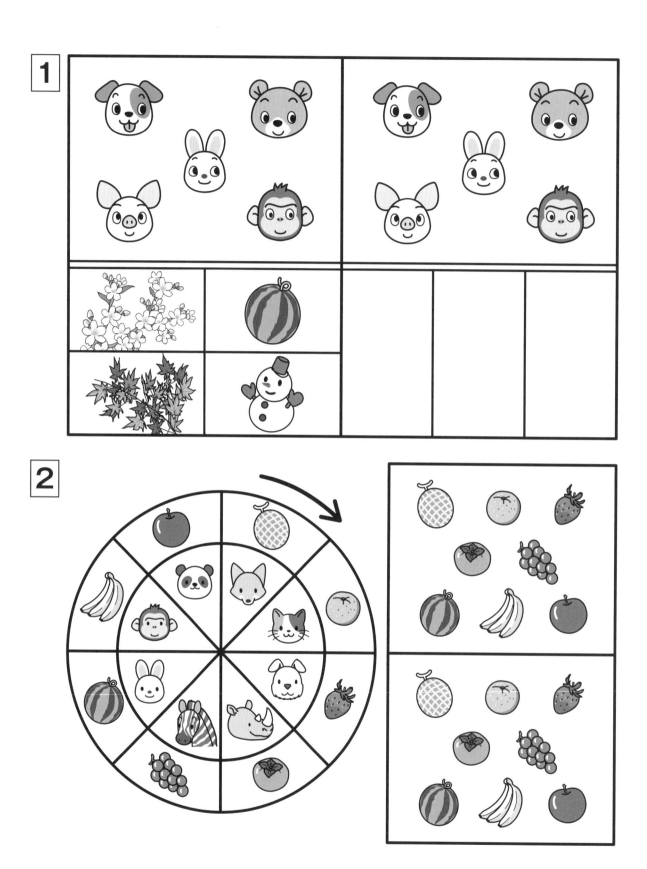

3

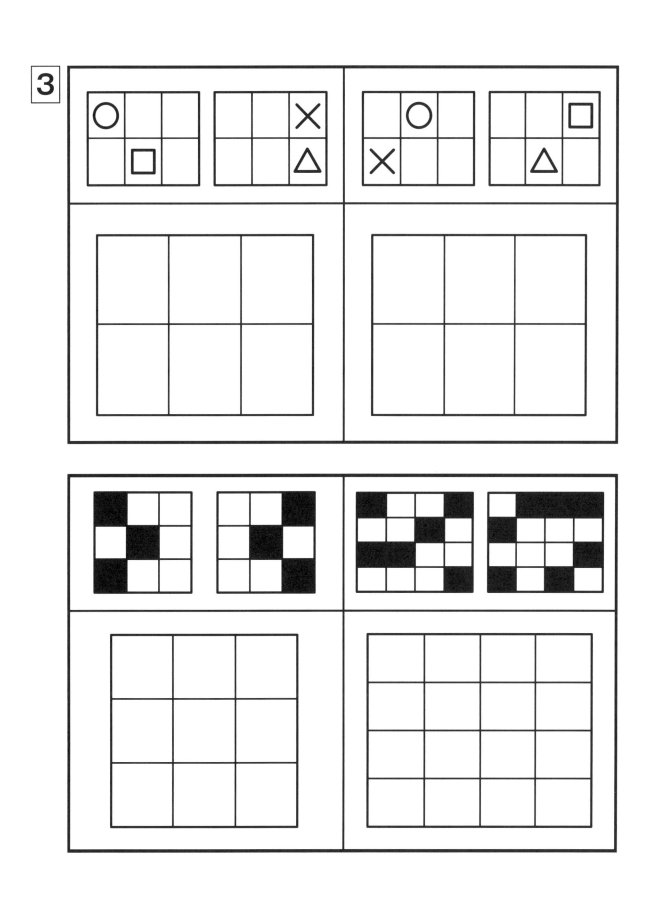

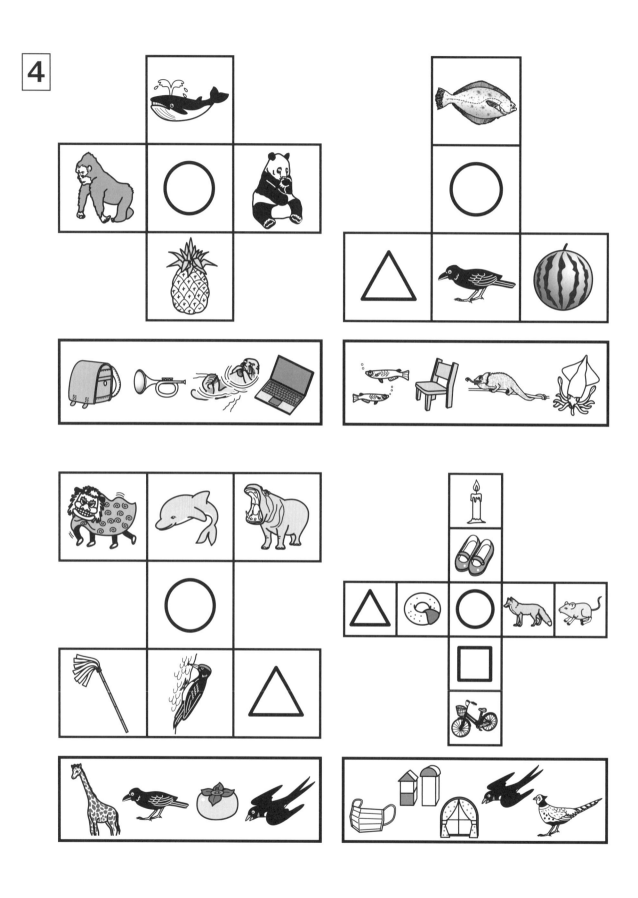

5

靴 → ○	飛行機 → △	りんご → ×

		✈			🍎		
🍎			👟			👟	
	👟	🍎		✈			
👟				🍎	✈		🍎
	🍎		✈			👟	

6

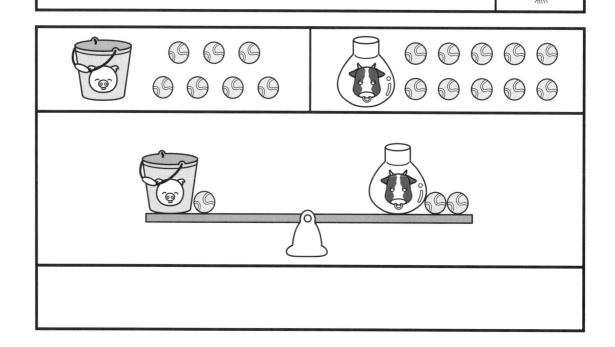

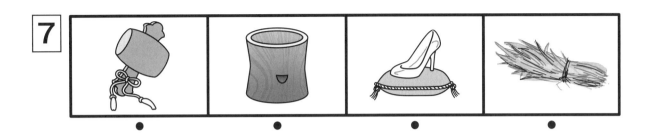

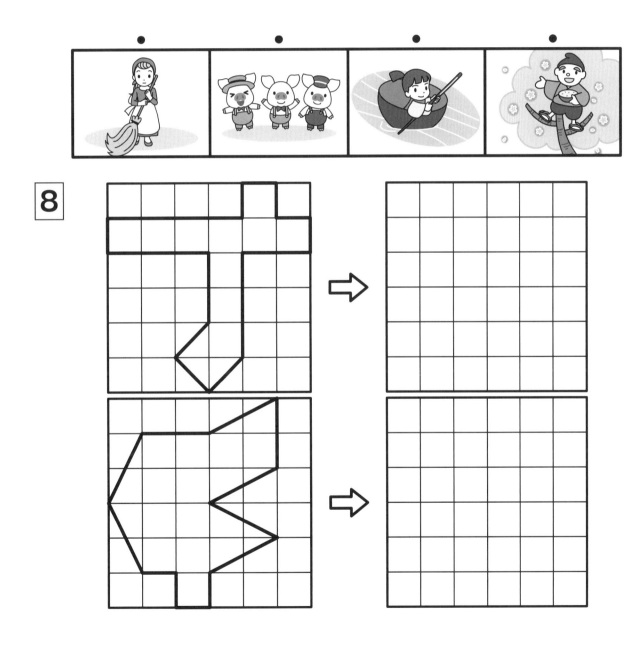

2017 東京都市大学付属小学校入試問題

■ 選抜方法

考査は 2 日間のうち希望日を 1 日選択する。いずれの考査日も約20人単位でのペーパーテスト、集団テスト、運動テストを行う。考査と並行して保護者面接が実施される。所要時間は約 1 時間30分。

┃ ペーパーテスト ┃

筆記用具は鉛筆を使用し、訂正方法は //（斜め 2 本線）または ×（バツ印）。
出題方法は話の記憶のみテープ、そのほかは口頭。

1 話の記憶

「クマさんとネズミ君とサルさんが、公園でたこを揚げていました。クマさんのたこは三角の形に恐竜の絵が描かれています。ネズミ君のたこはゴリラの絵です。サルさんのたこはカニが砂浜を歩いている絵です。みんながたこを揚げていると、四角い形でサメの絵が描かれたたこが揚がってきました。『あれは誰のたこかな？』とみんなで言っていると、タヌキ君がこちらに走ってくるのが見えました。『タヌキ君、あのたこは誰が揚げているのか知ってる？』とクマさんが言うと、タヌキ君は『僕が揚げているんだよ、ほら』とブンブンたこを振り回しました。それを見たサルさんもたこを振り回して、たこ同士のけんかのようになってしまいました。そのうちにタコ糸同士が絡まって、みんなが『あ！　絡まっちゃったよ』と言っている間にたこがすーっと落ちていき、なんと 2 つとも壊れてしまいました。タヌキ君は悲しくて、目が涙でいっぱいです。するとクマさんが『そうだ！何でも屋のリスさんは何でも直してくれるから行ってみようよ！』と言いました。タヌキ君は『いいことを教えてくれてありがとう』ととても喜びましたが、ネズミ君は『僕、門松を出す準備をしないといけないからお家に帰らなくちゃ』と言って先に帰ってしまいました。その後、みんなで何でも屋のリスさんのところに行き、たこを直してもらいました。サルさんとタヌキ君は『わーい！　リスさんどうもありがとう！』と大喜びでした」

- ・1 段目です。タヌキ君が揚げていたたこの絵はどれでしたか。○をつけましょう。
- ・2 段目です。たこが落ちてしまったとき、タヌキ君はどんな顔をしていましたか。合うものに○をつけましょう。
- ・3 段目です。クマさんのたこに○をつけましょう。
- ・4 段目です。公園に、たこは全部でいくつ揚がっていましたか。その数だけ○をかきましょう。

2 数量（分割）

・左の四角の中のリンゴを、3つのカゴに同じ数ずつ分けます。1つのカゴにリンゴはいくつ入りますか。その数だけ下の長四角に○をかきましょう。

・右の四角の中のリンゴを、2つずつ4つのカゴに分けます。リンゴはいくつ余りますか。その数だけ下の長四角に○をかきましょう。

③ 推理・思考（重さ比べ）

・シーソーで重さ比べをしました。一番重いものはどれですか。下から選んで○をつけましょう。

④ 常識・話の理解・言語

・動物たちがお話をしています。正しいことを言っている動物に○をつけましょう。

（1段目）

クマ　「『硬い』の反対は『軟らかい』だよ」

ウシ　「『硬い』の反対は『硬くない』だよ」

キリン　「『硬い』の反対は『すごく軟らかい』だよ」

ウマ　「『硬い』の反対は『硬い』だよ」

（2段目）

クマ　「『細い』の反対は『柔らかい』だよ」

ウシ　「『細い』の反対は『太い』だよ」

キリン　「『細い』の反対は『大きい』だよ」

ウマ　「『細い』の反対は『硬い』だよ」

（3段目）

クマ　「お豆腐は『魚』でできているよ」

ウシ　「お豆腐は『お米』でできているよ」

キリン　「お豆腐は『大豆』でできているよ」

ウマ　「お豆腐は『牛乳』でできているよ」

（4段目）

クマ　「トンボの子どもは木にすんでいるよ」

ウシ　「トンボの子どもは山にすんでいるよ」

キリン　「トンボの子どもはお家にすんでいるよ」

ウサギ　「トンボの子どもは水の中にすんでいるよ」

ウマ　「トンボの子どもはダニみたいに小さいからわからないんだよ」

[5] 常　識

・薬指はどこですか。×をつけましょう。
・手首はどこですか。△をつけましょう。
・ひじはどこですか。□をつけましょう。

[6] 点図形・模写

・左のお手本と同じように右にかきましょう。

集団テスト

> 内容は日程、時間帯によって異なる。1グループ8～10人で行う。教室の壁に貼られたラインで身長を測り、赤、白、青の3グループに分かれる。

制　作

各グループに、クーピーペン6色、セロハンテープ（1つを2人で一緒に使う）の入ったカゴが用意されている。別の場所に紙コップがまとめて置いてある。

・2人1組になり、お友達と協力しながらお手本と同じものを1人2つずつ作る。2つの紙コップの底と底をセロハンテープで留めたお手本を見てから、材料を必要な分だけ取りに行く。その後お手本と材料は隠される。
・白い長四角の形のシールが1人2枚ずつ配られる。シールを横長にして、クーピーペンで好きな絵を描く。描き終わったら、つなげた紙コップの片方にそれぞれ貼りつける。

行動観察（タワー作り）

制作で作ったつなげた紙コップを積み上げてタワーを作る。高く積んだチームの勝ち。積むときはシールの貼ってある方を上にして積むというお約束がある。

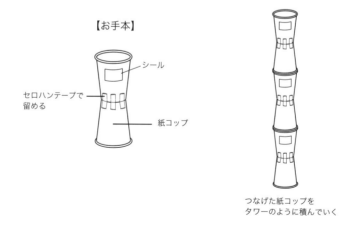

【お手本】
シール
セロハンテープで
留める
紙コップ
つなげた紙コップを
タワーのように積んでいく

運動テスト

模倣体操

- ・ひじを曲げて手をグー、ひじを伸ばして手を前に出しパーにする。
- ・手と足を同時にグーパーする。
- ・ひざの屈伸をする。
- ・伸脚をする。
- ・肩、脇のストレッチをする。

保護者面接

父　親

- ・志望理由をお聞かせください。
- ・どのような性格のお子さんですか。
- ・お子さんの長所をお聞かせください。
- ・お休みの日はお子さんとどのように過ごしますか。

母　親

- ・志望理由をお聞かせください。
- ・本校の印象はいかがですか。
- ・どのような性格のお子さんですか。
- ・お子さんの性格で直してほしいところはどこですか。
- ・通学経路を教えてください。

1

2

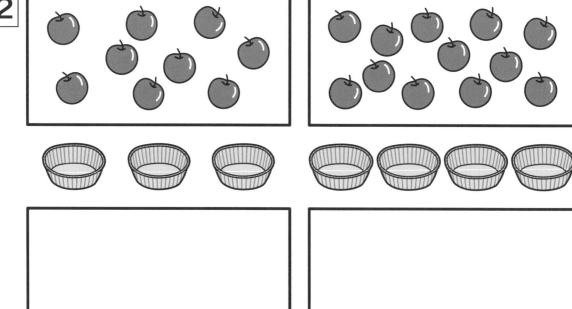

3

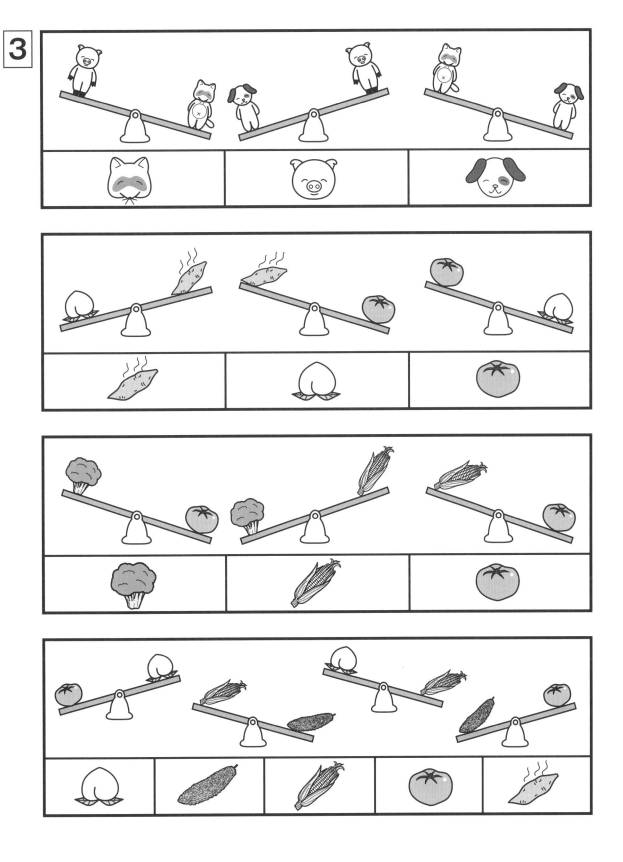

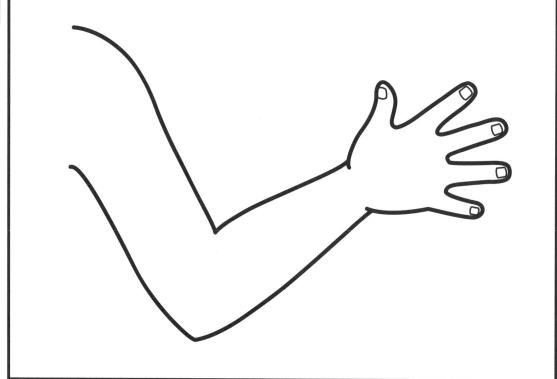

6

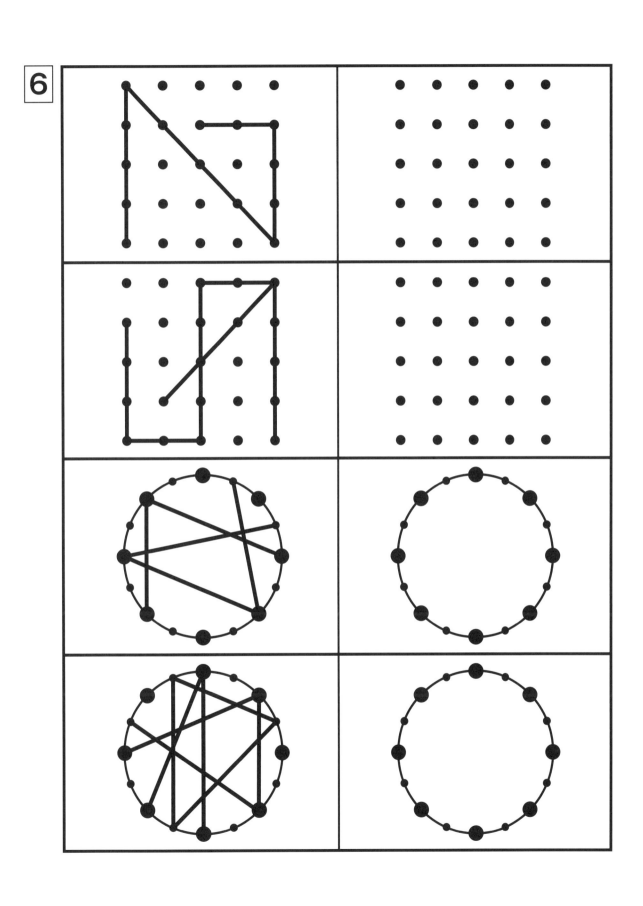

■ 選抜方法

考査は2日間のうち希望日を1日選択する。いずれの考査日も約20人単位でのペーパーテスト、集団テスト、運動テストを行う。考査と並行して保護者面接が実施される。所要時間は約1時間30分。

▌ ペーパーテスト

筆記用具は鉛筆を使用し、訂正方法は //（斜め2本線）または ×（バツ印）。
出題方法は話の記憶のみテープ、そのほかは口頭。

内容は考査日によって若干異なる。

1 話の記憶

「そうま君は妹のまゆちゃんと一緒にスーパーマーケットへお使いに行くことになりました。お母さんからは『牛乳と食パン、それから好きな野菜を買ってきてね』と頼まれました。スーパーマーケットに行く途中、そうま君のお友達が公園で遊んでいました。『一緒に遊ぼうよ』と誘われましたが、『お使いに行く途中だから、今日は遊べないよ。明日一緒に遊ぼうね』とそうま君は言いました。スーパーマーケットに着いて、まずは牛乳を買いました。次にパン売り場へ行くと、妹のまゆちゃんが『メロンパンが食べたいから買ってほしいなあ』と言いました。そうま君は困った顔でしばらく考えましたが、『お母さんから食パンを買ってくるように言われたから、今日は駄目だよ。今度買おうね』とまゆちゃんに言って、食パンを手に取りました。最後に野菜売り場で緑色で細長い野菜を選んで、レジでお金を払いました。スーパーからの帰り道、ドングリがたくさん落ちていたので、まゆちゃんは4個、そうま君は3個拾って持って帰ることにしました。歩いているとそうま君のお家が見えてきました。水玉模様のエプロンをつけたお母さんが外で2人を待っていてくれました」

・お話の季節はいつでしたか。その季節と仲よしの絵に○をつけましょう。
・妹のまゆちゃんが「メロンパンを買って」と言ったとき、そうま君はどのような顔をしていましたか。合う絵に○をつけましょう。
・そうま君がお使いで買った野菜は何だと思いますか。○をつけましょう。
・2人が拾ったドングリは全部で何個でしたか。その数だけドングリの横に○をかきましょう。

2 話の記憶

「明日は幼稚園がお休みです。仲よしのお友達と遊ぶお約束をしたブタ君は、どこで何を

して遊ぶか一生懸命考えながら、雨が降らないようにてるてる坊主を作りました。次の日はとってもよいお天気になったので、ゾウ君とイヌ君と一緒に『ヒマワリ公園』に行くことにしました。3匹は公園に着くと、まずはすべり台で遊びました。幼稚園のすべり台よりすべり降りる部分が長く、グルグルと回っています。みんなで何度も交替しながら楽しく遊びました。次に遊んだのはブランコです。ブタ君は誰かに背中を押してもらわなくても、上手にブランコを漕ぐことができました。ブランコで仲よく遊んでいたら、同じ幼稚園のタヌキ君がやって来ました。ブランコの次はタヌキ君も一緒に鉄棒をしました。毎日、幼稚園の鉄棒で練習しているタヌキ君は、とても上手に前回りも逆上がりもできました。鉄棒が苦手なのであまり好きではないゾウ君にも、タヌキ君は親切に教えてあげました。最後に遊んだのは、イヌ君がお家から持ってきた折り紙です。みんなで何を折ろうか相談しました。お花を折ってお母さんへのお土産にしようかと思いましたが、せっかく公園に来たので、紙飛行機を作って飛ばすことにしました。するとイヌ君の紙飛行機が公園の木に引っかかってしまいました。そこで体の大きいゾウ君が長いお鼻を上手に使って取ってあげました。夕方になって少し暗くなってきたので、みんなはお家に帰ることにしました。皆さんは公園でどのようなことをして遊ぶのが好きですか」

・鉄棒が苦手なのはどの動物でしたか。○をつけましょう。
・同じところです。折り紙を持ってきたのはどの動物でしたか。△をつけましょう。
・動物たちはどのような順番で遊びましたか。遊んだ順番が正しく描いてある絵の左端の四角に○をかきましょう。

3 推理・思考（比較）

・一番上がお手本です。その下のそれぞれの長四角に描いてあるリボンをつなげたとき、お手本と同じ長さになるものに○をつけましょう。お手本よりも長くなるものには△をつけてください。

4 常識・話の理解

・動物たちがお話をしています。正しいことを言っている動物に○をつけましょう。
　（左上）
　　イヌ　「夜、誰かに会ったら『こんにちは』と言うよ」
　　ウシ　「夜、誰かに会ったら『おはようございます』と言うよ」
　　コアラ　「夜、誰かに会ったら『こんばんは』と言うよ」

　（左の上から2番目）
　　イヌ　「お豆腐は『牛乳』でできているよ」
　　ウシ　「お豆腐は『大豆』でできているよ」

コアラ　「お豆腐は『米』でできているよ」

（左の上から3番目）
イヌ　　「球根から育つのは『ヒマワリ』だよ」
ウシ　　「球根から育つのは『チューリップ』だよ」
コアラ　「球根から育つのは『アサガオ』だよ」

（左下）
イヌ　　「セミの幼虫は土の中で育つよ」
ウシ　　「セミの幼虫は池の中で育つよ」
コアラ　「セミの幼虫は木の上で育つよ」

（右上）
イヌ　　「サツマイモは森の木に育つよ」
ウシ　　「サツマイモは土の上で育つよ」
コアラ　「サツマイモは土の中で育つよ」

（右の上から2番目）
イヌ　　「靴の数え方は1足だよ」
ウシ　　「靴の数え方は1膳だよ」
コアラ　「靴の数え方は1頭だよ」

（右の上から3番目）
イヌ　　「車の数え方は1個だよ」
ウシ　　「車の数え方は1両だよ」
コアラ　「車の数え方は1台だよ」

（右下）
イヌ　　「本の数え方は1枚だよ」
ウシ　　「本の数え方は1冊だよ」
コアラ　「本の数え方は1個だよ」

5 推理・思考（マジックボックス）

・上のお手本を見ましょう。左端の形がネズミのトンネルを通るとクルッと逆さまになり、ブタのトンネルを通ると白が黒に、黒は白に変わるお約束です。では、下の段の空いている四角にはそれぞれどの形が入りますか。4つそれぞれ右から正しいものを選ん

で○をつけましょう。

・一番下の段は、左端の形が上のお約束でトンネルを通った後どのようになったか、右端の四角にかきましょう。

6 常識・言語

・左側です。「ピョンピョン」跳ねるのはどれですか。合う絵に○をつけましょう。
・右側です。「ヒラヒラ」飛ぶのはどれですか。合う絵に○をつけましょう。

7 推理・思考（水の量）

・左側です。同じ大きさの4つのカップに、それぞれ違う量の飲み物が入っています。どれにも角砂糖を1個ずつ入れたとき、どのカップの飲み物が一番甘くなりますか。そのカップに○をつけましょう。
・右側です。同じ大きさの4つのカップに、それぞれ同じ量の飲み物が入っています。カップの上に描いてある数だけ角砂糖を入れたとき、2番目に甘くなるカップはどれですか。そのカップに○をつけましょう。

8 推理・思考（四方図）

・左端の積み木を上から見ると、どのような様子ですか。正しいものを右から選んで○をつけましょう。

9 模 写

・左のお手本と同じように右にかきましょう。

集団テスト

内容は日程、時間帯によって異なる。1グループ8〜10人で行う。教室の壁に貼られたラインで身長を測り、赤、白、青の3グループに分かれる。

行動観察

制作の材料をみんなで準備する。新聞紙（1／2サイズ）、細長い色紙（25×3cm）、色画用紙、クーピーペン、セロハンテープ、ウエットティッシュ、ゴミ箱などをみんなで協力して、自分のグループの場所まで運ぶ。

10 制作（玉作り）

1／2サイズの新聞紙、細長い色紙、セロハンテープを使用する。
・隣のお友達と協力しながら、1人1個ずつ玉を作る。新聞紙を丸めてセロハンテープで留める。好きな色の細長い色紙を十字になるように新聞紙の玉に巻きつけ、セロハンテープで留める。

🛡 共同絵画

色画用紙（青、赤、黄色）各3枚、クーピーペン、セロハンテープが用意されている。

・3枚の同じ色の画用紙を横向きに並べ、セロハンテープでつなげる。みんなで相談した
ものをクーピーペンで描き、好きな絵にする。

🛡 行動観察（玉入れゲームＡ）

テスターが作った3つの色の筒に、制作課題で作った新聞紙の玉を入れるゲームをする。

・床に貼られたラインから出ないように、1人ずつ順番に下から玉を投げて筒に入れる。
1つの筒に10個の玉が入ったら、別の色の筒にも10個入るようにゲームを進める。

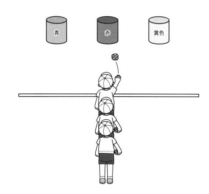

🛡 行動観察（玉入れゲームＢ）

ビニール袋（45Ｌサイズ4枚）、セロハンテープが用意されている。

・4枚のビニール袋をセロハンテープでつなげる。制作課題で作った新聞紙の玉をテスタ
ーが袋の上に載せるので、みんなで袋の周りを持ち協力して玉を転がしてカゴに入れる
ゲームを行う。ビニール袋から手を離したり、玉を直接触ったりしてはいけない。

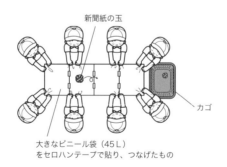

| 運動テスト |

🛡 模倣体操

・両足の屈伸をする。

・手でグーパー、グーパーチョキをする。

・伸脚をする。

・頑張るぞ体操（足を肩幅くらいに広げ、両腕はひじを曲げた状態から元気よくバンザイ
　ポーズ）をする。

保護者面接

父　親

・志望理由を教えてください。

・お子さんはどのような性格ですか。

・お子さんは幼児教室に通っていますか。それはどちらですか。

・願書の緊急連絡先がおじいさまになっていますが、その理由を教えてください。

母　親

・志望理由をお話しください。

・お子さんの性格を教えてください。

・お子さんは本校をどのように思っていますか。

1

2

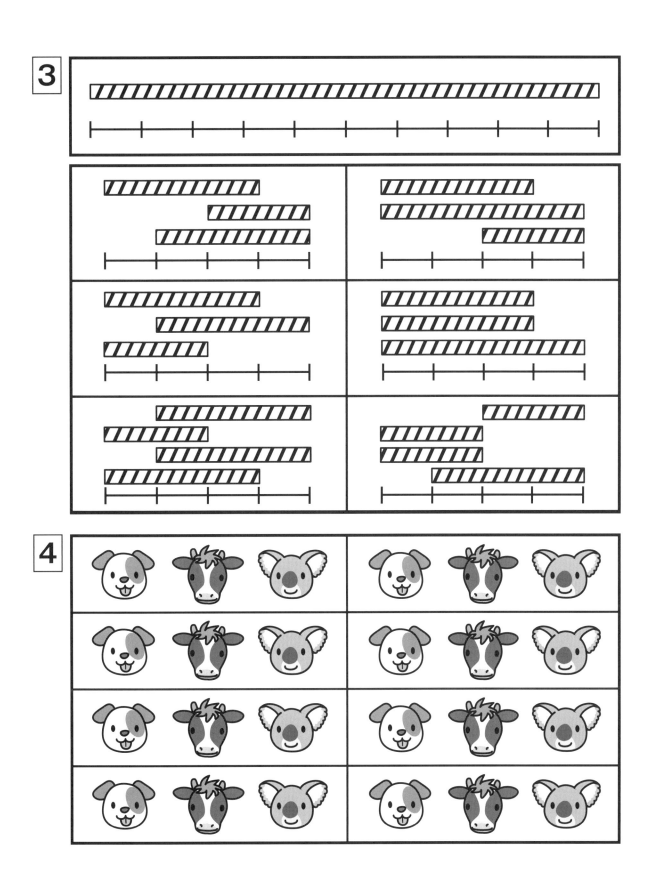

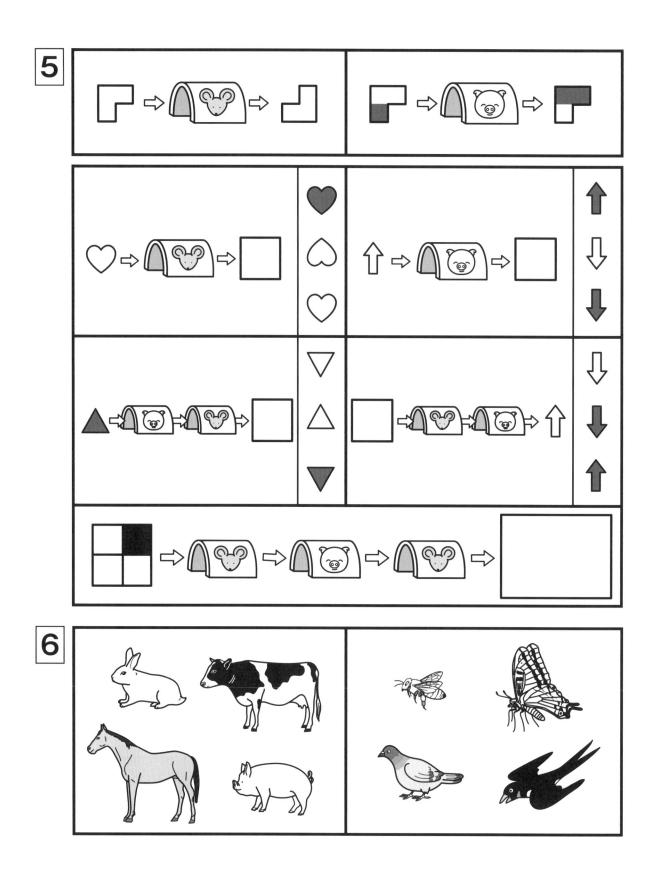

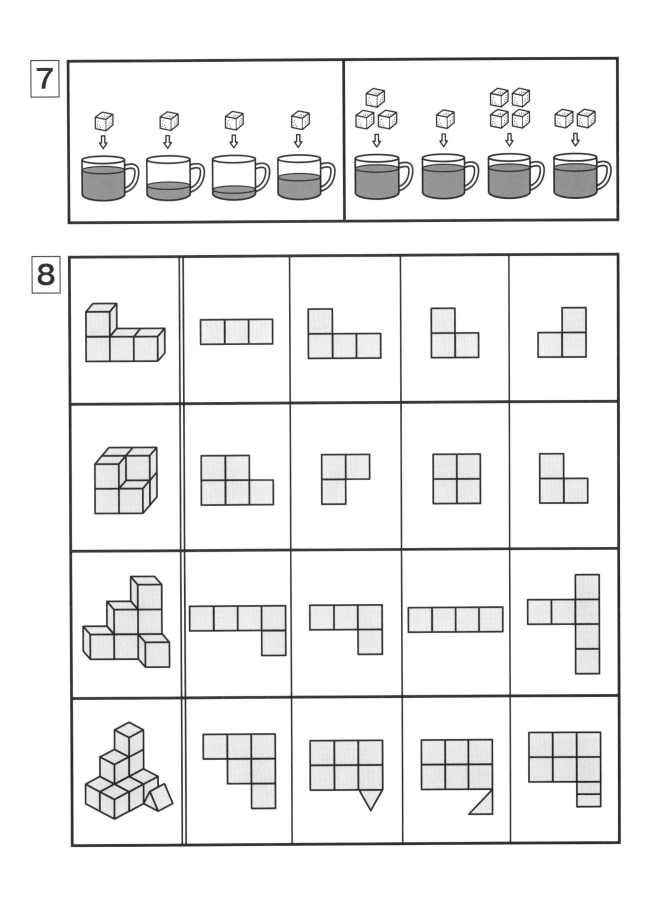

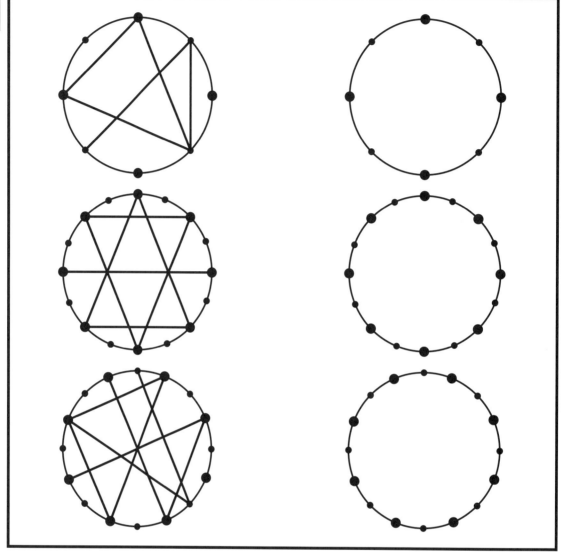

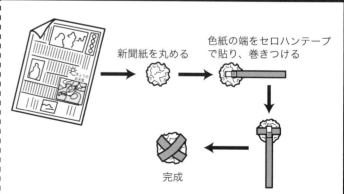

section
2015 東京都市大学付属小学校入試問題

■ 選抜方法

考査は2日間のうち希望日を1日選択する。いずれの考査日も約20人単位でのペーパーテスト、集団テスト、運動テストを行う。考査と並行して保護者面接が実施される。所要時間は約1時間30分。

▌ ペーパーテスト ▌ 筆記用具は鉛筆を使用し、訂正方法は // (斜め2本線) または ×（バツ印）。出題方法は話の記憶のみテープ、そのほかは口頭。

内容は考査日によって若干異なる。

1 話の記憶

「ブタさん、リスさん、ゾウ君、ウサギさん、クマ君の5匹で焼きいもをすることにしました。ゾウ君が『木の枝や枯れ葉を集めないと火がつかないよ』と言ったので、まず、みんなで木の枝や枯れ葉を探しに行きました。そして、探してきた木の枝や枯れ葉を山のようにいっぱい積みました。パンダおじさんが『気をつけてね』と言って火をつけてくれました。ウサギさんは3つ、ほかのみんなは2つずつサツマイモを焼きました。サツマイモが焼けるまでの間、みんなでクリ拾いをしましたが、クマ君がなんだかしょんぼりした様子です。話を聞いてみると、クリ拾いをしている間にクマ君のサツマイモが焦げてしまったのです。けれども、優しいウサギさんがサツマイモを1つ分けてくれたので、クマ君はすぐに元気になりニッコリ顔。みんなで焼きいもをおいしくいただきました」

・サツマイモを全部でいくつ焼きましたか。1段目にその数だけ○をかきましょう。
・2段目です。サツマイモを分けてあげたのはどの動物ですか。その動物に○をつけましょう。
・3段目です。お話の季節に合う絵に○をつけましょう。
・4段目です。サツマイモが焦げてしまったときのクマ君の顔に○をつけましょう。

2 観察力（同図形発見）

・左上のお手本と同じ絵を見つけて、○をつけましょう。

3 構　成

・左の四角の中の2つの形を合わせてできる形を右から選び○をつけましょう。向きは変えてもよいですが、裏返してはいけません。

4 推理・思考（四方図）

・動物たちがそれぞれの場所から机の上の積み木を見ています。ウサギ、クマ、ブタから見た積み木をそれぞれ動物の四角から選び○をつけましょう。

5 言語（しりとり）

・四角の中の上の段をしりとりでつなげます。星印にどの絵を入れたらよいですか。下の絵から選んで点と点を線で結びましょう。

6 常識・話の理解

・動物たちがお話をしています。正しいことを言っている動物に○をつけましょう。

（左上）

ウサギ「お昼のあいさつは『おやすみなさい』だよ」

ネコ「お昼のあいさつは『おはようございます』だよ」

クマ「お昼のあいさつは『こんにちは』だよ」

（左下）

ウサギ「ススキは秋と仲よしだよ」

ネコ「ススキは夏と仲よしだよ」

クマ「ススキは冬と仲よしだよ」

（右上）

ウサギ「ミカンは秋の果物だよ」

ネコ「ミカンは冬の果物だよ」

クマ「ミカンは夏の果物だよ」

（右下）

ゾウ「トンボの数え方は1冊だよ」

クマ「トンボの数え方は1足だよ」

ネコ「トンボの数え方は1頭だよ」

イヌ「トンボの数え方は1匹だよ」

7 模　写

・左側のお手本を見て、右側に同じになるようにかきましょう。

集団テスト　1グループ約10人で行う。赤、白、青の3グループに分かれる。

■ 共同制作・巧緻性（輪っか作り）

新聞紙1人2枚ずつ、細長い色紙、クーピーペン、セロハンテープが用意されている。
・新聞紙を1枚ずつ細い棒になるように丸めて、中央と両端をセロハンテープで留め、1
人で2本の棒を作る。細長い色紙に自由に模様をかいて、作った棒に巻きつけセロハン
テープで貼る。2本の棒をセロハンテープでつなぎ、1本の長い棒にする。各自が作っ
た1本の長い棒を持ち寄り、セロハンテープで貼り合わせ、1つの大きな輪を協力して
作る。その後、みんなで指示された場所まで輪を運ぶ。

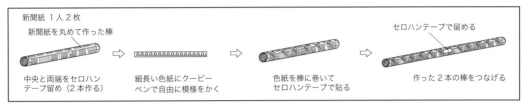

新聞紙 1人2枚
新聞紙を丸めて作った棒

中央と両端をセロハン
テープ留め（2本作る）

細長い色紙にクーピー
ペンで自由に模様をかく

色紙を棒に巻いて
セロハンテープで貼る

セロハンテープで留める

作った2本の棒をつなげる

行動観察（玉入れゲーム）

（共同制作で作った輪を使用する）

輪の中央にカゴと、カゴの周りにたくさんの玉が用意されている。各自に手持ちカゴが与
えられ、テスターの合図とともに制限時間内に手持ちカゴに玉を集める。その後、輪の外
に出て、輪の中央のカゴに向かって玉入れを行う。ただし、玉は自分の手持ちカゴの中の
ものだけを使い、拾って投げてはいけない。

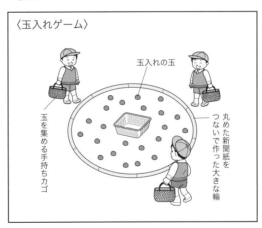

〈玉入れゲーム〉

玉入れの玉

玉を集める手持ちカゴ

丸めた新聞紙をつないで作った大きな輪

運動テスト

模倣体操

・両手を前に出し、グーパーをする。
・両足の屈伸をする。
・前屈をする。

保護者面接

保護者

　　　・志望理由をお聞かせください。

　　　・ご家庭の教育方針を教えてください。

　　　・どのような性格のお子さんですか。

　　　・お子さんの名前の由来は何ですか。

　　　・本校の印象はいかがですか。

　　　・本校には何回来られましたか。

　　　・お子さんとかかわる時間はありますか。

　　　・通学経路はどのようになりますか。

1

2

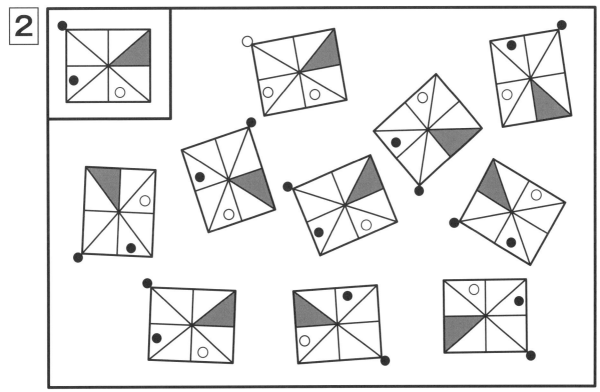

5

6

7

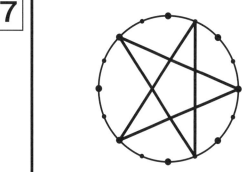

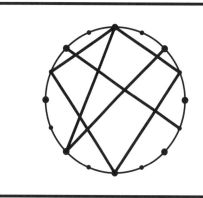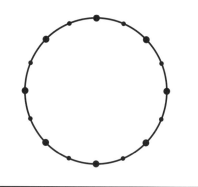

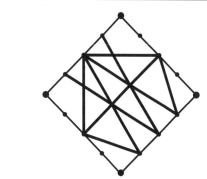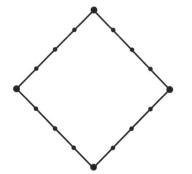

東京都市大学付属小学校
入試シミュレーション

東京都市大学付属小学校入試シミュレーション

[1] 話の記憶

「ブタ君が転んで右足をけがして歩けなくなってしまいました。それを聞いたクマ君とゾウ君とネコさんとイヌ君はお見舞いに行くことにしました。ところが、ブタ君のお家がどこにあるのか4匹とも知りません。困っていると向こうからキリンさんがやって来たので『ブタ君のお家はどこですか？』と聞きました。キリンさんは『ブタ君のお家ならこの道を真っすぐ行って、ポストを右に曲がっていくとお花屋さんがあって、そのお花屋さんの隣ですよ』と教えてくれました。ブタ君のお家に着くと、ブタ君は足に包帯をグルグル巻いてベッドで寝ていました。『ブタ君、だいじょうぶ？』とみんなは心配そうに声をかけ、クマ君はリンゴ、ゾウ君はお花、ネコさんはオレンジジュース、イヌ君は車のおもちゃをお見舞いに渡しました」

・上の段です。ブタ君はどれでしょうか。合う絵に○をつけましょう。

・真ん中の段です。どの動物にブタ君のお家の場所を聞きましたか。○をつけましょう。

・下の段です。ブタ君のお見舞いには、どの動物が何を持っていきましたか。合うもの同士の点と点を線で結びましょう。

[2] 数　量

・それぞれの段で、右と左の数を同じにしたいと思います。どちらにいくつ移してあげればよいですか。その数だけ、増える方の四角の下に○をかきましょう。

[3] 推理・思考（四方図）

・矢印の方向から見るとどのように見えますか。サイコロ1の目の段から選んで○をつけましょう。

・上から見るとどのように見えますか。サイコロ2の目の段から選んで△をつけましょう。

・向かって右から見るとどのように見えますか。サイコロ3の目の段から選んで□をつけましょう。

[4] 数量（マジックボックス）

・一番上の絵を見ましょう。星の箱を通るとおにぎりが3個増えます。月の箱を通るとおにぎりは2個減ります。では、下の空いている四角にはそれぞれおにぎりが何個入りますか。その数だけ○をかきましょう。

[5] 推理・思考（重さ比べ）

・上の段です。一番重いものに○、一番軽いものに△をつけましょう。印は下の絵につけ
てください。
・下の段です。リンゴ1個とバナナ2本がつり合っています。バナナ1本とイチゴ2個が
つり合っています。では、空いている四角にはイチゴが何個入りますか。その数だけ○
をかきましょう。

6 構　成

・上の積み木がお手本です。お手本のお城を作るときに使わない積み木を、すぐ下から探
して○をつけましょう。

7 構　成

・上の四角の中にある4枚のカードをすべて使ってできる形はどれですか。下から探して
○をつけましょう。

8 常識（季節）

・上の四角の中に入っているものと同じ季節のものに○をつけましょう。

9 言語（同頭語）

・左上の四角にあるものと同じ音で始まるものに○をつけましょう。

10 言語（しりとり）

・リスから始まって、コアラで終わるようにしりとりをします。空いているところに入る
ものを下から選んで、それぞれの四角にかいてある印をつけましょう。

11 模写（対称）

・左側に描いてある絵を真ん中の点線で右側にパタンと折ったときに、ピッタリ重なるよ
うに右側に描いて、クリスマスツリーやウサギの顔を完成させましょう。

2

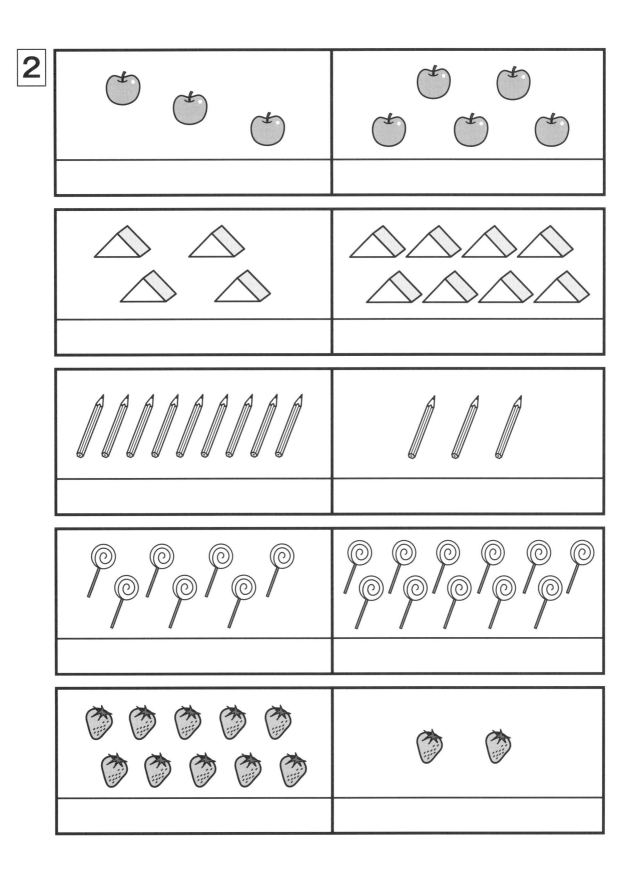

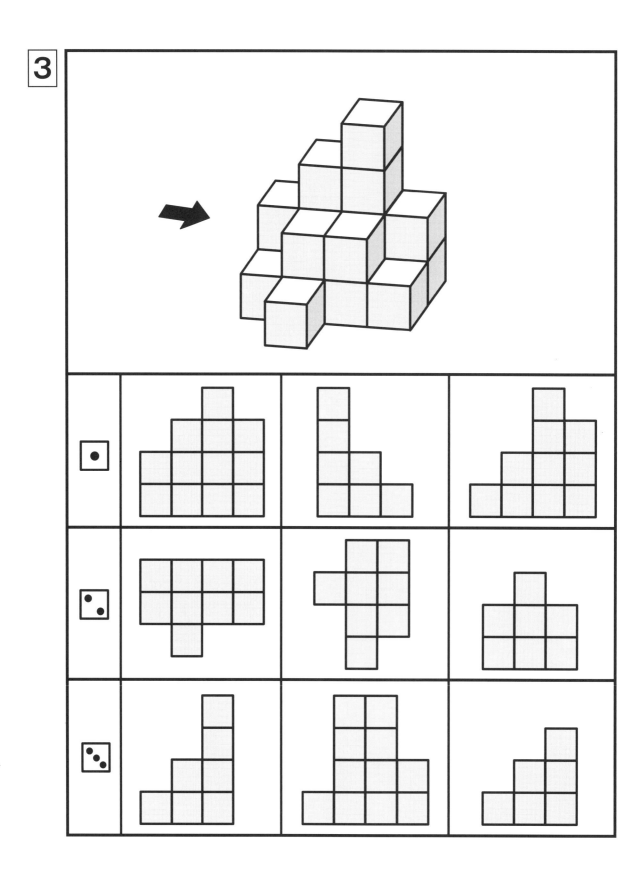

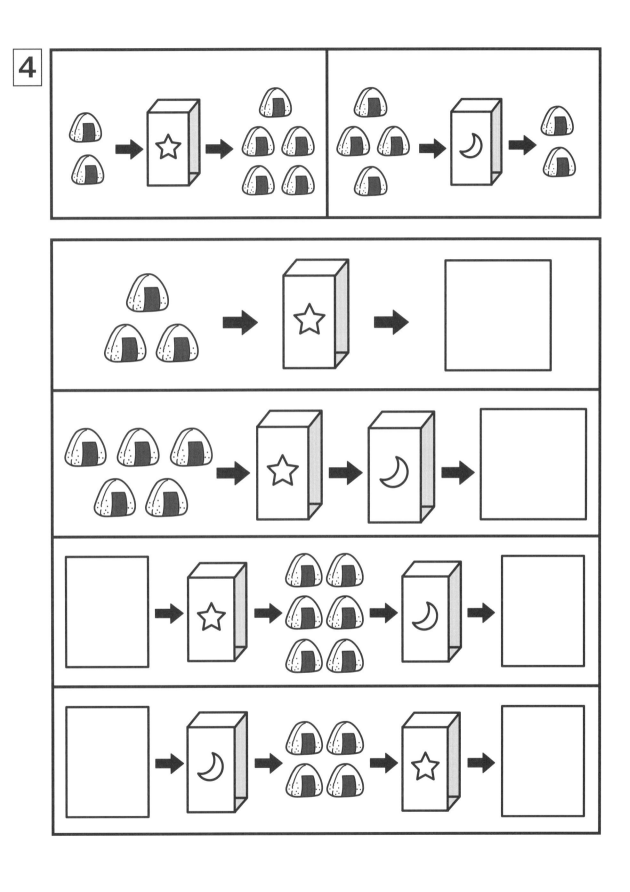

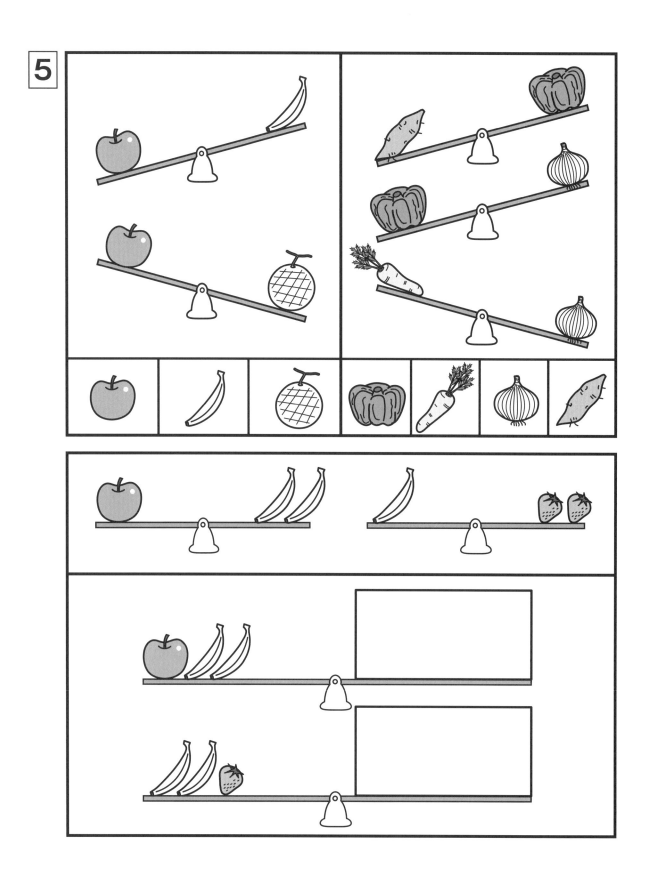

6

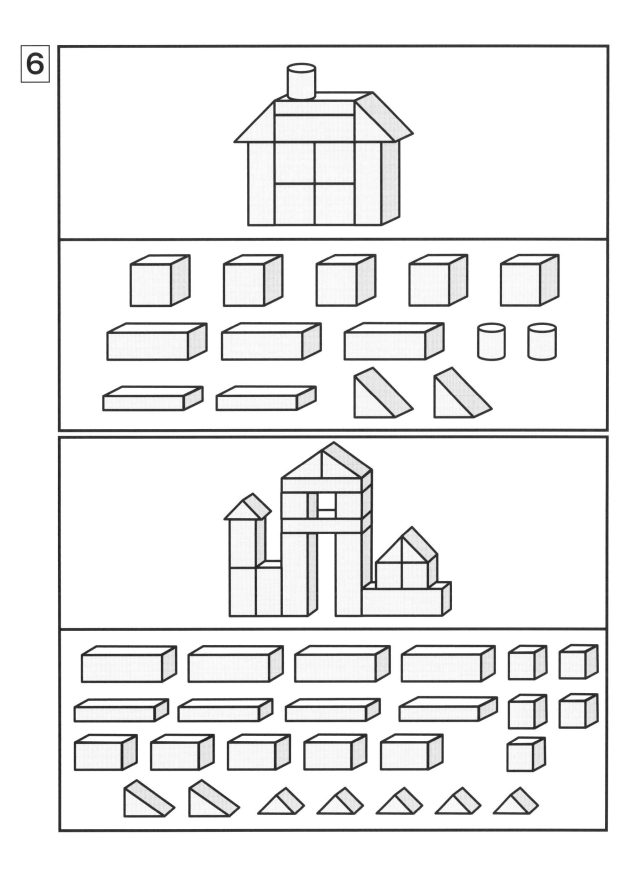

7

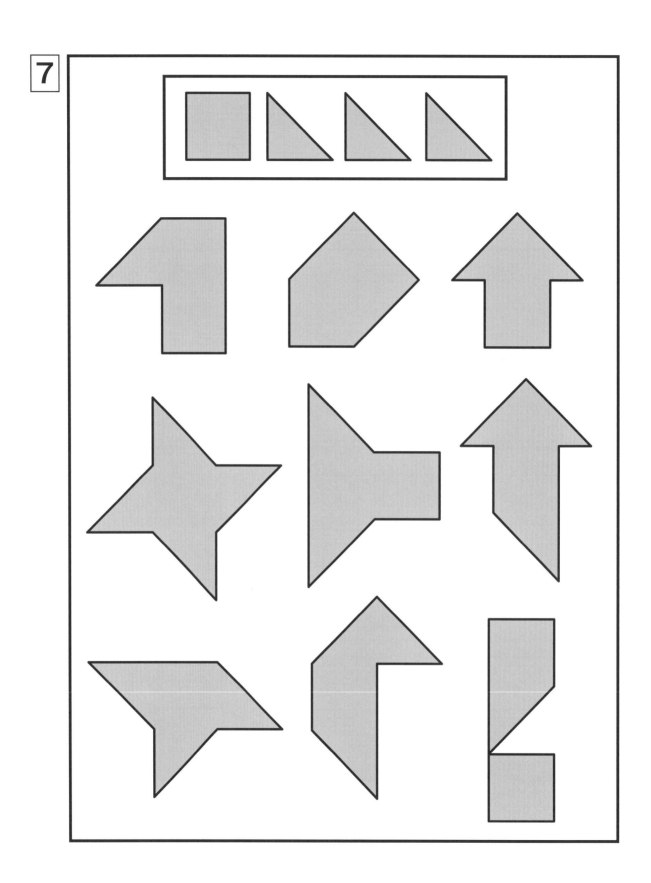

8

9

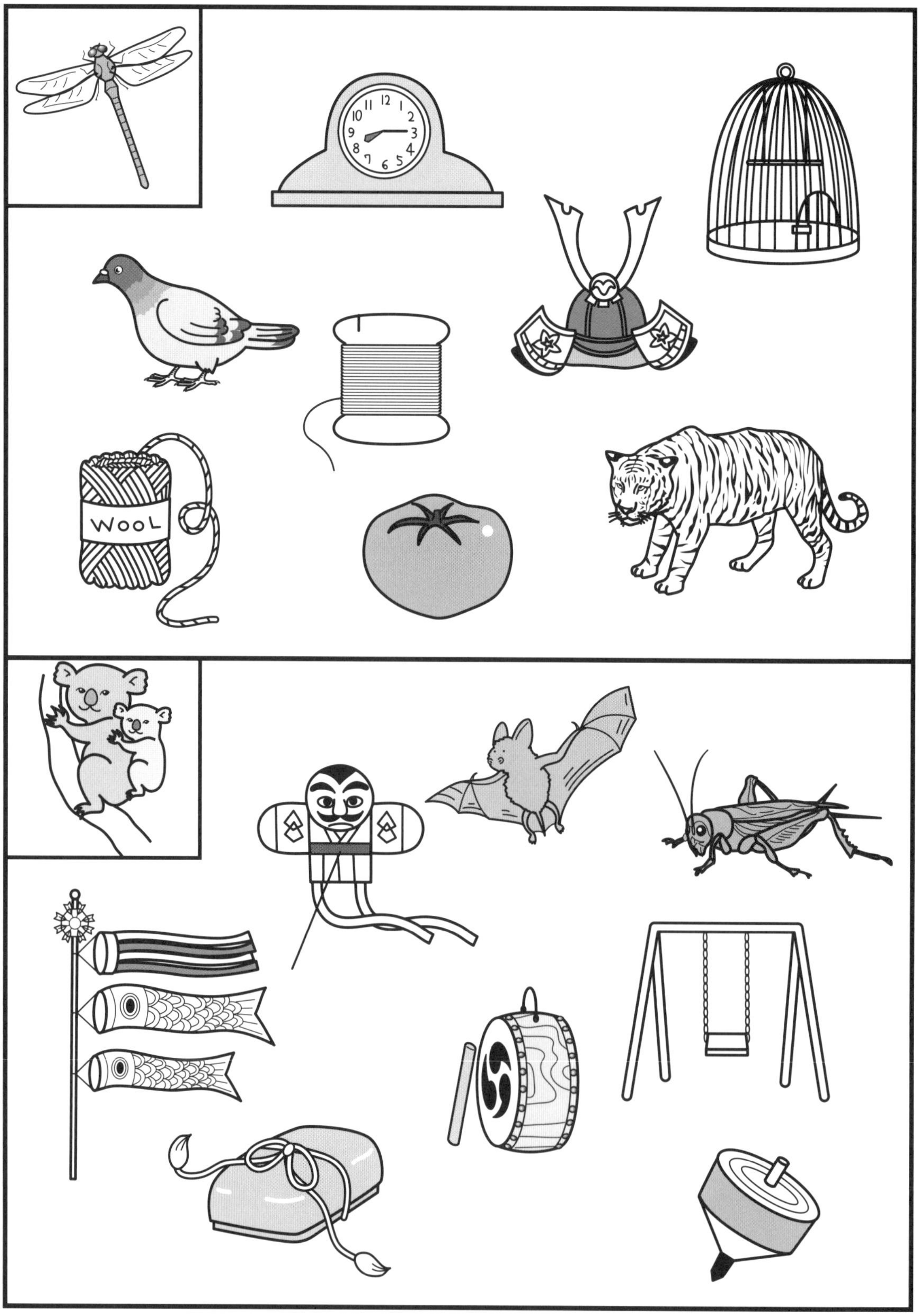

10

11

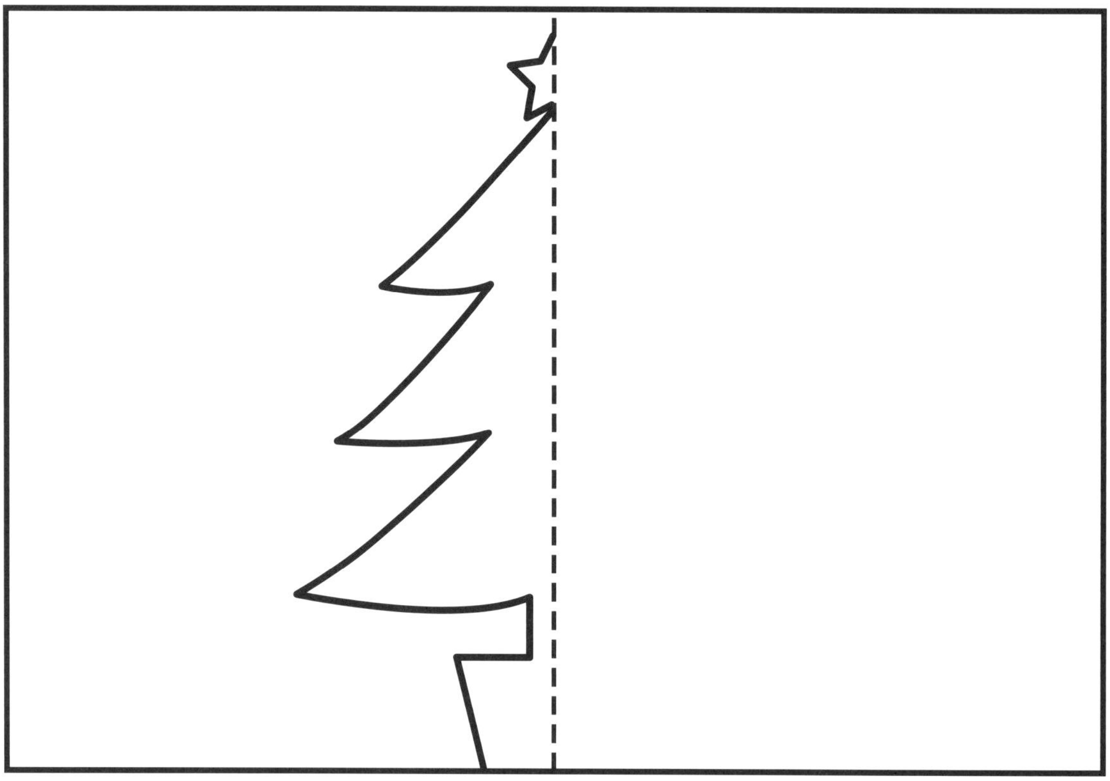

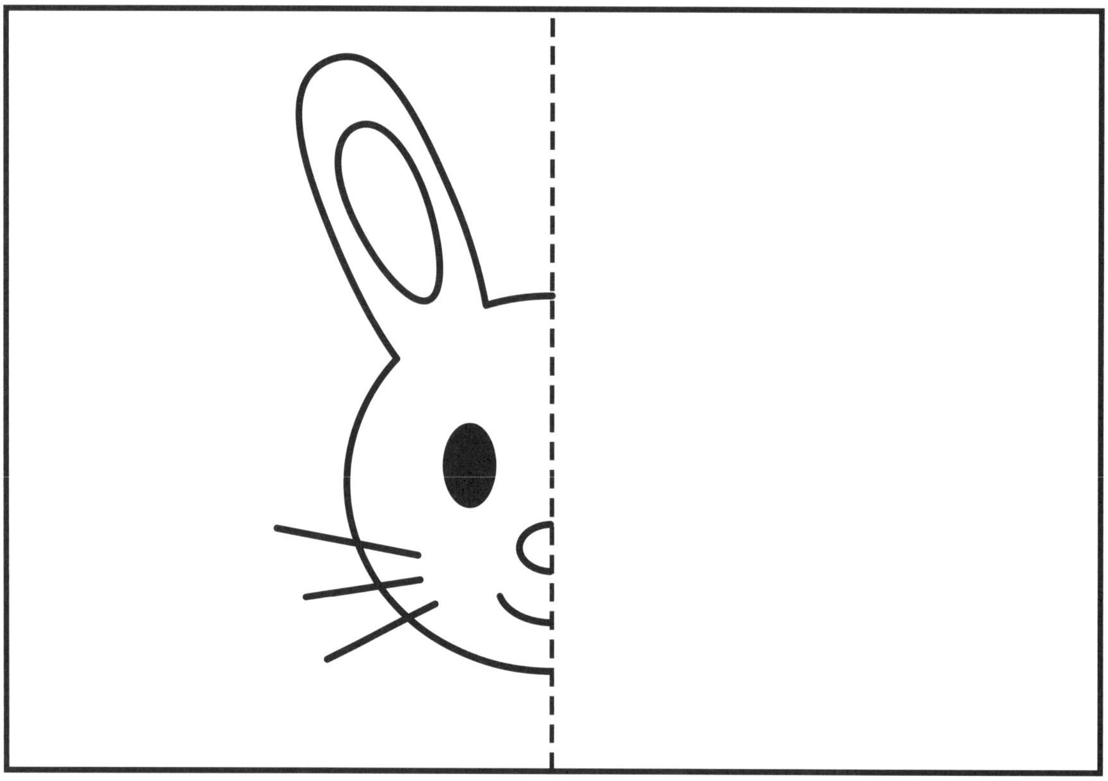

2025 学校別過去入試問題集

✏ 年度別入試問題分析【傾向と対策】　　✏ 学校別入試シミュレーション問題　　✏ 解答例集付き

伸芽会の有名小学校合格シリーズ

Shinga-kai

カラーページ増殖中！
※2023年秋実施の入試問題を含む

過去 5〜15 年間分
全 42 冊 51 校掲載

解答例集付き

定価 3410 円〜3520 円
（本体 3100 円〜3200 円 + 税 10%）

全国の書店・伸芽会出版販売部にお問い合わせください。

 伸芽会　出版販売部 **03-6908-0959** （10:00〜18:00 月〜金）

〒171-0031 東京都豊島区目白 3-4-11-4F　https://www.shingakai.co.jp

2024 年 1 月より順次発売中！

© '06 studio*zucca

［過去問］ 2025

東京都市大学付属小学校 入試問題集

解答例

✳ **解答例の注意**

この解答例集では、ペーパーテスト、集団テストの中にある□数字がついた問題、入試シミュレーション
の解答例を掲載しています。それ以外の問題の解答はすべて省略していますので、それぞれのご家庭でお
考えください。

入試シミュレーションの
解答例もあります！

© 2006 studio*zucca

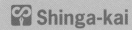

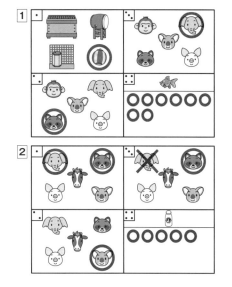

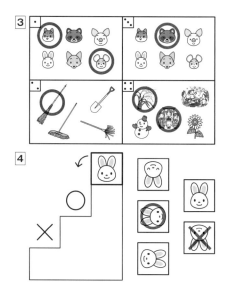

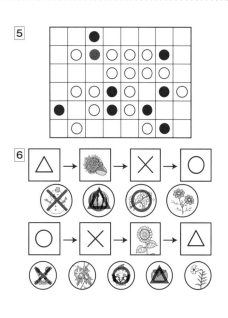

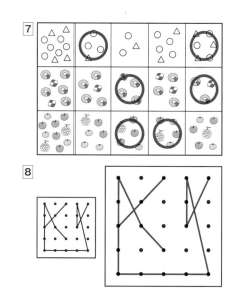

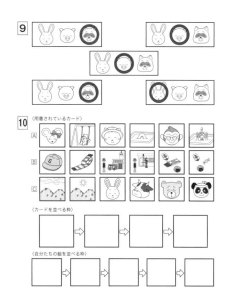

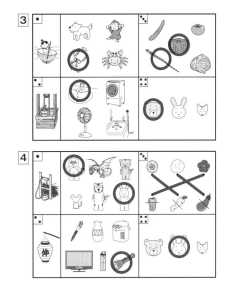

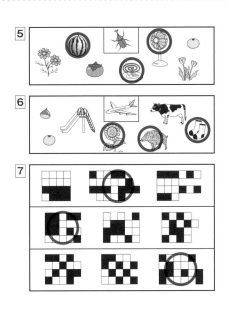

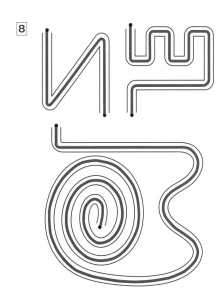

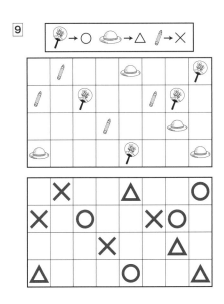

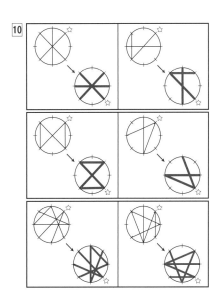

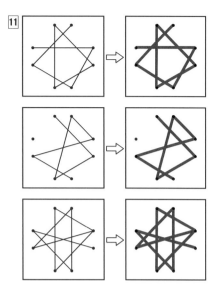

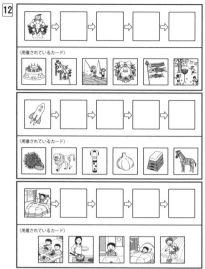

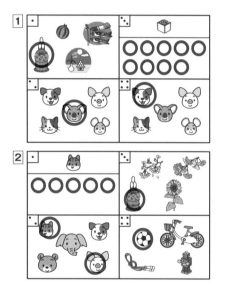

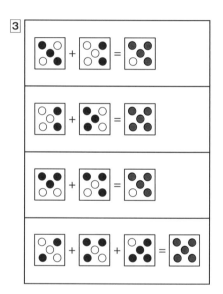

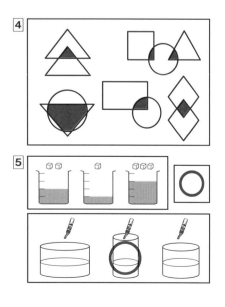

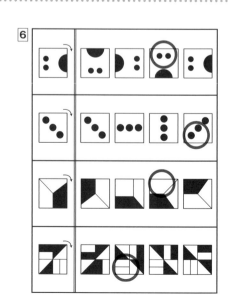

※12は解答省略

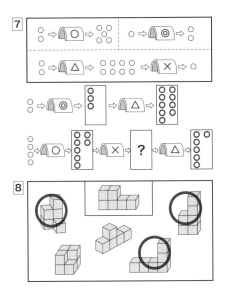

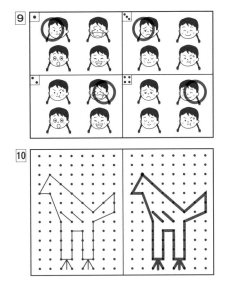

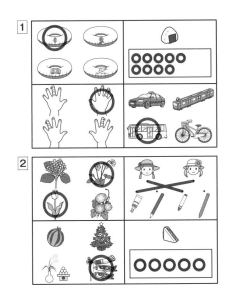

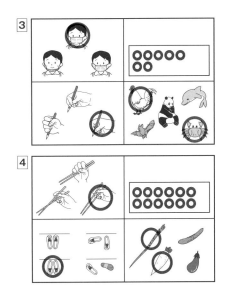

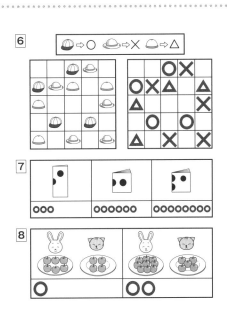

9

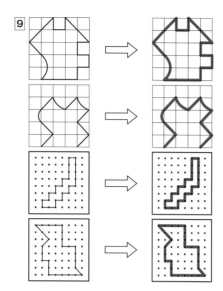

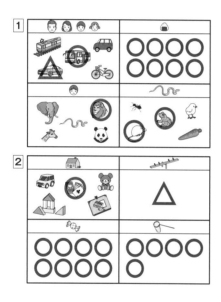

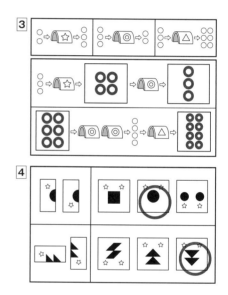

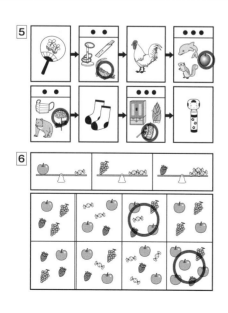

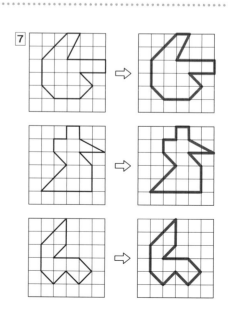

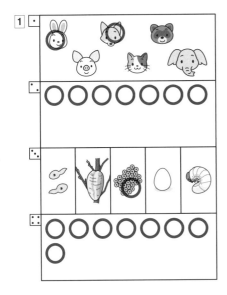

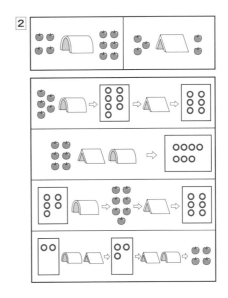

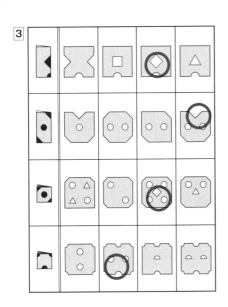

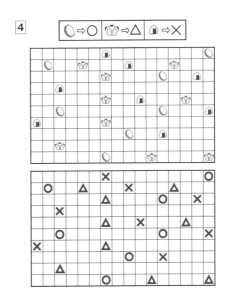

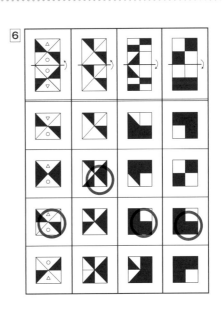

7

1

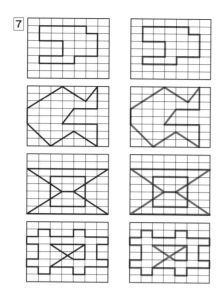

2

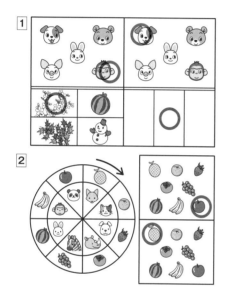

3

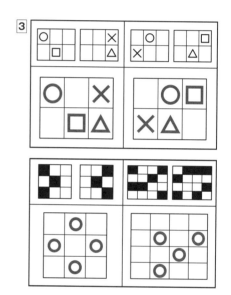

4

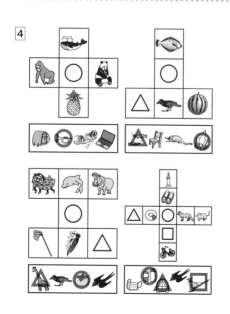

5

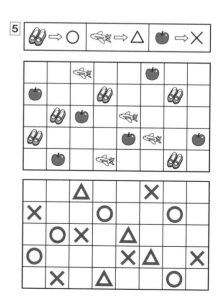

6

7

8

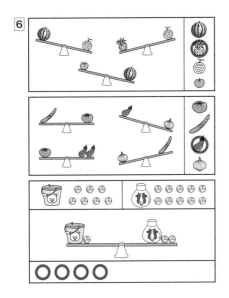

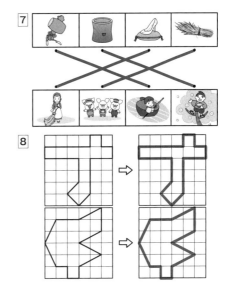

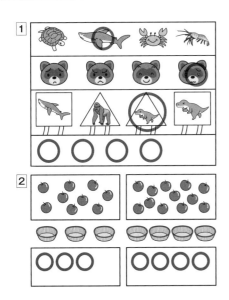

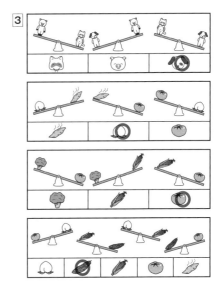

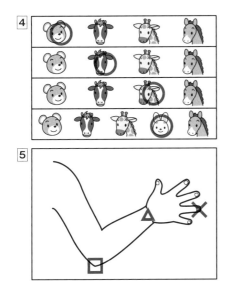

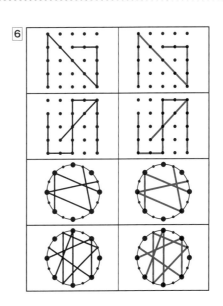

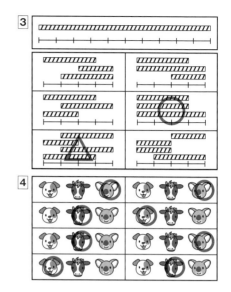

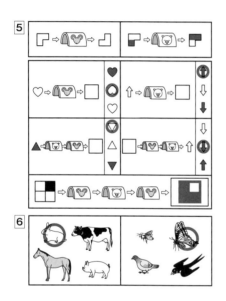

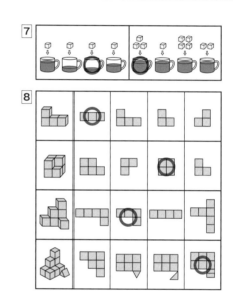

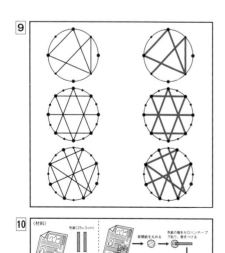

2015 解答例

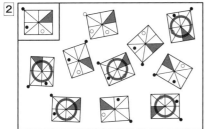

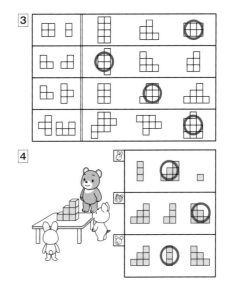

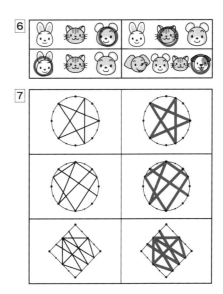

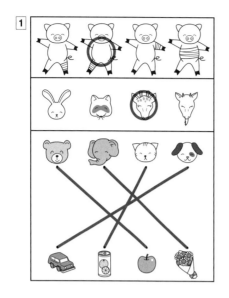

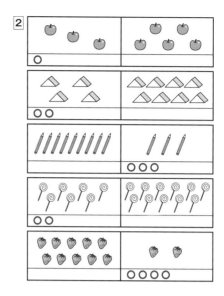

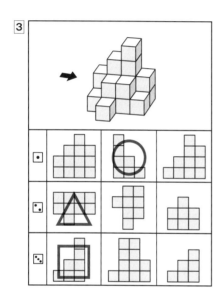

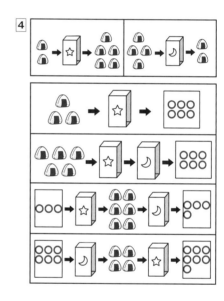

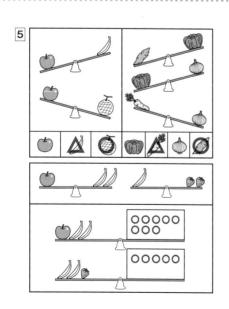

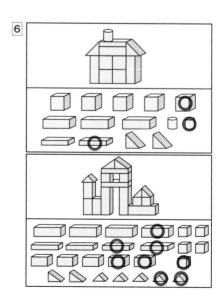

7

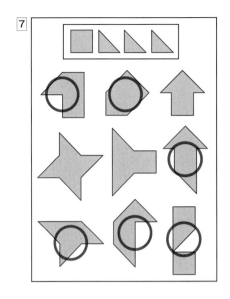

8

9

10

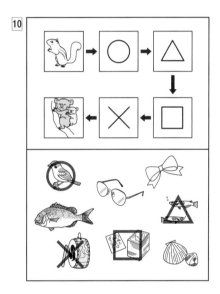

11

memo

memo

memo

Shinga-kai